dtv

Berlin hat viele Umbrüche und Zeitwenden erlebt. Die letzte war der Fall der Mauer im Jahr 1989. Für die Berliner ist alles, was vorher war, damals und alles danach heute. Heute ist Berlin mit seinen dreieinhalb Millionen Einwohnern auch bei weitem die größte Stadt der Bundesrepublik. Geliebt, gehaßt, vital, aggressiv, hektisch, attraktiv und häßlich, ist das wiedervereinigte Berlin mit allen positiven und negativen Eigenschaften einer Metropole behaftet. Die großen Umbrüche und die Geschichte der Ereignisse noch einmal nachzuvollziehen ist ebenso interessant wie aus vielen Details des Alltags ein Spektrum des Lebens in Berlin früher und heute zusammenzusetzen. Dies alles bietet diese ›Kleine Geschichte Berlins‹. Natürlich fehlt auch nicht der Berliner Witz – von dem allerdings mißgünstige Nicht-Berliner behaupten, er stamme gar nicht aus Berlin.

Eckart D. Stratenschulte, Jahrgang 1952, Diplomsoziologe und Dr. phil., ist Leiter der Europäischen Akademie in Berlin. Er lebt seit fast zwanzig Jahren dort und hat zahlreiche Veröffentlichungen auch zur Geschichte Berlins vorgelegt.

Eckart D. Stratenschulte

Kleine Geschichte Berlins

Deutscher Taschenbuch Verlag

Originalausgabe
Juni 1997

Umschlaggestaltung Balk & Brumshagen
Umschlagfoto: © Martin Lengemann
Gesetzt aus der 10/12' R Stempel Garamond
auf Apple Macintosh, Quark XPress
Satz und Herstellung: Hartmut Czauderna, Gräfelfing
Gedruckt auf säurefreiem, chlorfrei gebleichtem Papier
Druck und Bindung: C. H. Beck'sche Buchdruckerei, Nördlingen
Printed in Germany · ISBN 3-423-08383-2

Inhalt

Damals und heute

Alles, was sich vor dem 9. November 1989 ereignete, war »damals«; alles, was seitdem passiert, geschieht »heute«. So teilt sich aus Berliner Sicht die Geschichte in zwei Epochen. Damals war die Stadt geteilt und die Mauer weltweit bekanntes Symbol der Spaltung nicht nur Berlins, sondern auch Deutschlands und Europas, heute ist die Stadt vereinigt, auch wenn sie nur langsam zusammenwächst.

Tatsächlich gab es Zäsuren wie den Fall der Mauer in der Berliner Geschichte schon häufiger, die letzte lag 1989 gerade einmal 28 Jahre zurück: der Bau ebendieser Mauer.

Hier können nicht alle Ereignisse der Berliner Geschichte nachgezeichnet oder auch nur benannt werden. Die Brüche jedoch, die Übergänge von einem Damals in ein Heute, sollen deutlich werden. Dabei zeigt sich auch, daß die Geschichte Berlins ein Spiegel der deutschen Geschichte ist, daß das Berliner Geschehen oft nationale oder sogar internationale Bedeutung hatte – und wohl auch weiterhin haben wird.

Die Anfänge der Stadt liegen im Dunkeln. Da eine Gründungsurkunde nicht vorhanden ist, läßt sich das Alter der Stadt nicht exakt bestimmen; es liegt ungefähr bei achthundert Jahren. Als 1987 das 750jährige Jubiläum Berlins gefeiert wurde, bezog man sich nicht auf die Gründung der Stadt, sondern auf die erste heute noch bekannte und vorhandene urkundliche Erwähnung Cöllns, das später ein Teil Berlins wurde. Dieses Jubiläum wurde in der Geschichte Berlins nie begangen, bis Joseph Goebbels 1937, ein Jahr nach den Olympischen Spielen in Berlin, meinte, dem Volk wieder etwas bieten zu müssen, und die 700-Jahr-Feier erfand. Fünfzig Jahre später wollten weder West-Berlin noch der Ostteil der Stadt sich die Chance entgehen lassen, durch ein pompöses Spektakel das eigene Ansehen zu mehren. Ohne Rücksicht auf die dubiose Entstehung dieses Jahrestages, aber mit wachem Blick auf den jeweils anderen Teil der Stadt wurde das »Jubiläum« ein Jahr lang gefeiert. Doch das war damals, als die beiden Teile der Stadt noch miteinander in Konkurrenz standen wie die beiden Teile Deutschlands und Europas. Das Jubiläum, das nur vordergründig Geschichte rekapitulieren, sie in Wirklichkeit aber vereinnahmen sollte, ist mittlerweile selbst Geschichte geworden – wie die Teilung Berlins.

Von den Anfängen zur Residenzstadt

Immer wieder ist Berlin in seiner Geschichte mit dem Thema Teilung und Vereinigung befaßt. Schon der Beginn seiner Existenz war ein doppelter.

Die Siedlung Cölln entstand Ende des 12. Jahrhunderts auf einer Insel in der Spree, deren Spitze heute als »Museumsinsel« bekannt ist. Auf der anderen Seite, dem nordöstlichen Spreeufer, wurde Berlin gegründet. Das Berliner Gebiet wurde durch einen – heute nicht mehr vorhandenen – Seitenarm der Spree ebenfalls zur Insel gemacht.

Die Lage der beiden Ansiedlungen war keineswegs zufällig gewählt. Es handelt sich um die schmalste Stelle des Warschau-Berliner Urstromtals, auf halbem Weg zwischen den Festungen Spandau und Köpenick. Diese beiden Städte waren deutlich früher als Berlin und Cölln entstanden. Daraus speist sich auch ein besonderes Selbstbewußtsein der Bewohner dieser heutigen Stadtbezirke von Berlin. Wann genau Berlin und Cölln das Stadtrecht erhielten, ist nicht überliefert. Soweit heute bekannt, wurde Berlin zum ersten Mal im Jahr 1251 als Stadt erwähnt, Cölln genau zehn Jahre später. Woher die Namen der Siedlungen kommen, ist nicht klar, auch ist strittig, ob Cölln sich von Köln am Rhein ableitet.

Berlin und Cölln waren vor allem Handelsorte, sie kooperierten von Anfang an eng miteinander. Schon im Jahre 1307 schlossen sie eine Union, der eine gemeinsame »Außen- und Sicherheitspolitik« oblag. Ein neuer, gemeinsamer Rat entschied nun alle »äußeren Angelegenheiten« und fällte das Urteil in besonders schweren Fällen von Marktvergehen. Dieser Rat bestand aus 12 Berliner und 6 Cöllner Vertretern. (Auch in späteren Vereinbarungen zwischen Berlin und Cölln findet sich übrigens ein Repräsentationsverhältnis von 2:1 zugunsten Berlins, woraus sich schließen läßt, daß Berlin von Anfang an die größere und bedeutendere Stadt war.) Diese Union war jedoch keine Vereinigung. Die beiden Städte gaben ihre kommunale Selbständigkeit nicht auf, behielten ihre Verwaltung und führten ihren eigenen Stadthaushalt. So wurde für den gemeinsamen Rat ein drittes Rathaus gebaut, da die beiden bestehenden Sitze der Stadtverwaltungen weiterhin genutzt wurden.

Von außen wurden Berlin und Cölln als zusammengehörig aufgefaßt und behandelt, sozusagen als »Doppelstadt«. Der Schultheiß, der lokale Vertreter des Markgrafen, war für beide Städte zuständig. Seit 1319 unterstanden sie auch einer gemeinsamen Kirchenadministration mit einem Propst in Berlin.

Seit Mitte des 12. Jahrhunderts wurden die Mark Brandenburg, und damit auch die entstehenden Orte Berlin und Cölln, vom Geschlecht der Askanier beherrscht, die zum Aufschwung der Doppelstadt beitrugen, indem sie den Fernhandelsweg von Magdeburg nach Posen (via Spandau und Köpenick) über Berlin-Cölln leiteten. Alle durchreisenden Kaufleute waren verpflichtet, ihre Waren dort einige Tage lang anzubieten. Auf der Spree verkehrende Schiffe mußten ohnehin umgeladen werden, da der Fluß am Mühlendamm, der Berlin und Cölln miteinander verband, aufgestaut war, um die Städte vor Hochwasser zu schützen und um Energie für den Antrieb der Mühlen zu gewinnen. Durch Zollfreiheiten, die Berlin von den Landesherren gewährt wurden, entwickelte sich die Stadt darüber hinaus zu einer Drehscheibe des Handels und zum Mittelpunkt der Mark Brandenburg.

1320 starben die Askanier aus. Brandenburg wurde für längere Zeit in machtpolitische Wirren gestürzt. Vor allem die Wittelsbacher und die Luxemburger Herrscherhäuser strebten nach der Vorherrschaft in der Mark. Das vorrangige Interesse Berlins und Cöllns in dieser Zeit war es, die eigene Unabhängigkeit gegenüber den Landesherren, gleich welchem Geschlecht sie entstammten, zu erhalten.

Natürlich war das damalige Berlin-Cölln keine Demokratie im heutigen Sinne – eine städtische Selbstverwaltung aber gab es durchaus, wenngleich sie lediglich vom Patriziat wahrgenommen wurde und die anderen sozialen Schichten von der politischen Willensbildung ausgeschlossen waren. Der Stadtrat war ein gut funktionierendes Verwaltungsgremium mit einer fast hundertprozentigen Selbstrekrutierungsquote. Nach einem Jahr mußten die Ratmannen ausscheiden, sie durften dabei jedoch selbst ihre Nachfolger bestimmen. Im darauffolgenden Jahr konnten sie wieder Platz auf den Ratsbänken nehmen. Die Mehrheit der Bürger hatte also auf die Zusammensetzung des Rates keinen Einfluß – der Landesherr allerdings auch nicht.

Als Berlin sich 1323 bereitwillig dem achtjährigen Ludwig I., dem Sohn des deutschen Königs Ludwigs desBayers, unterwarf, um weitergehende Ansprüche der Luxemburger abzuwehren, zog die Doppelstadt sich den Zorn der Kirche zu. Der Vater des kleinen Markgrafen war ein erbitterter Gegner des Papstes Johannes XXII.. Der Papst untersagte den Berlin-Cöllnern daher, dem Wittelsbacher zu folgen, die Bürger mißachteten das Verbot jedoch. Die Auseinandersetzungen eskalierten so weit, daß der Propst von Bernau, der in Berlin gegen die Wittelsbacher gepredigt hatte, 1325 vor der Marienkirche ermordet und öffentlich verbrannt wurde. Der Papst verhangte daraufhin einen Kirchenbann über Berlin-Cölln. Nicht nur wurden innerhalb der Stadtmauern keine kirchlichen Dienste mehr verrichtet, jedem Christen war auch der Kontakt mit den Gebannten untersagt. Dies schädigte das Wirtschaftsleben der Doppelstadt, deren Existenz ja auf dem Handel, also dem Kontakt mit anderen beruhte, nachhaltig. Da die Berlin-Cöllner keine Unterstützung erhielten, mußten sie schließlich nachgeben. Ab 1335 bemühten sie sich mit hohen Bußezahlungen um die Aufhebung des Banns, die schließlich 1344, also fast weitere zehn Jahre später, erfolgte. Ein steinernes Sühnekreuz an der Turmfront der Marienkirche, die heute im Schatten des Fernsehturms in Berlin-Mitte liegt, erinnert an die Ermordung des Propstes und ihre Folgen.

So tragisch die Auseinandersetzungen in ihrer Zeit auch waren, sie waren doch nicht frei von Possen. Hierzu gehört die Geschichte vom »falschen Woldemar«. Während des Streits zwischen dem Luxemburger und dem Wittelsbacher Herrscherhaus um die Hinterlassenschaft der Askanier tauchte eine Person auf, die sich als der letzte askanische Markgraf Woldemar ausgab. Er sei gar nicht gestorben, sagte er, sondern auf eine längere Wallfahrt gegangen. Schon bevor der vermeintliche alte Herrscher 1348 das Gebiet der Mark Brandenburg überhaupt betrat, hatten sich ihm 25 märkische Städte angeschlossen. Auch Kaiser Karl IV., selbst Luxemburger, erkannte ihn feierlich an. Berlin-Cölln hielt zunächst an den Wittelsbachern fest, huldigte dann jedoch ebenfalls »Woldemar«. Dies dürfte weniger mit der Glaubwürdigkeit seiner Behauptungen zu tun gehabt haben als mit eigenen Interessen. Der falsche Woldemar bestätigte und erweiterte nämlich im Gegenzug zu seiner Anerkennung die Freiheiten der Doppelstadt und stellte im übrigen die Autorität der Patrizier gegenüber den auf Mitsprache drängenden Zünften wieder her. Als sich jedoch die Luxemburger und die Wittelsbacher, für die beide die Mark Brandenburg nur ein Spielstein auf dem deutschen Schachbrett war, einigten, war das Spiel des falschen Woldemar zu Ende. Markgraf Ludwig der Ältere aus dem Hause Wittelsbach setzte sich gegen den »Trug-Woldemar« durch. Auch Berlin und Cölln mußten sich nun den Wittelsbachern unterwerfen. Deren Herrschaft war jedoch nicht von langer Dauer; sie traten sie 1373 – gegen eine Entschädigung – wieder an die Luxemburger ab.

Berlin und Cölln waren um 1400 trotz der politischen Wirren in der Mark reiche und prosperierende Städte mit zusammen über 8000 Einwohnern. Sie mehrten ihren Einfluß durch den Erwerb benachbarter Orte. 1387 gingen das Schloß und die Stadt Köpenick in Berliner Eigentum über. Schon vorher war eine Reihe von Dörfern, zum Beispiel Stralau, Lichtenberg, Pankow und Reinickendorf, von Berlin, zum Teil gemeinsam mit Cölln, erworben worden. 1435 kaufte Berlin vom Johanniterorden Tempelhof, Marienfelde, Mariendorf und Richardsdorf, das spätere Rixdorf bzw. Neukölln.

1391 hatte Berlin vom Landesherrn das Münzrecht erworben. Im selben Jahr kaufte es auch das gesamte Gericht von ihm. Nun wurden alle Vergehen und Streitfälle vor einem städtischen Gericht verhandelt, Berliner mußten sich außerhalb der Stadt nicht mehr gerichtlich verantworten. Für die Cöllner hatte das zur Konsequenz, daß auch sie in Berlin vor die Schranken des Gerichts treten mußten. Die verhängten Strafen waren übrigens außerordentlich vielfältig. Sie reichten von der Hinrichtung über körperliche Züchtigungen bis hin zu »Ehrenstrafen«, durch die der Verurteilte der Lächerlichkeit preisgegeben wurde, indem er beispielsweise an den Pranger gestellt wurde, »Schandsteine« umgehängt bekam oder ins Wasser getaucht wurde. Oftmals konnte man sich diesen Torturen jedoch durch eine Bußgeldzahlung entziehen – wenn man konnte. Das Geld floß in die Berliner Kasse.

Das Wohlleben erfaßte im 14. Jahrhundert die Bürger diesseits und jenseits der Spree. Schon 1335 erließ der gemeinsame Rat eine Polizeiverordnung, die den Luxus und seine Zurschaustellung eindämmen sollte. So wurde amtlich festgelegt, wieviel Schmuck Frauen tragen durften, und der Aufwand bei Familienfeiern wurde begrenzt. Es konnten nur noch maximal achtzig Gäste mit höchstens fünf Gängen von bis zu zwanzig Bediensteten bewirtet werden. Dazu sollten nicht mehr als sechs Spielleute Musik machen.

Doch der Wohlstand wurde immer stärker von Raubrittern bedroht. Die schlimmsten waren die Brüder Johann und Dietrich von Quitzow. Die Spreestädter waren gegen die Räuber und Erpresser hilflos. Erst der Hohenzollern-Graf Friedrich konnte ihnen 1414 das Handwerk legen. Ihm wurde daraufhin zum Dank von König Sigismund – dem jüngeren Sohn Kaiser Karls IV., der 1378 die Mark Brandenburg geerbt hatte – 1415 die Würde eines Kurfürsten des Heiligen Römischen Reiches und 1417 die des Markgrafen von Brandenburg verliehen. Damit begann die 500jährige Herrschaft der Hohenzollern über Brandenburg.

Auch die neuen Landesherren sahen das Problem, daß eine zu mächtige Doppelstadt Berlin-Cölln ihren eigenen Machtanspruch relativierte. Sie bemühten sich daher, die Selbständigkeit von Berlin-Cölln einzuschränken. 1447/48 kam es gegen diese Bestrebungen zu einem Aufstand, der als »Berliner Unwillen« in die Annalen eingegangen ist.

Die Revolte hatte eine längere Vorgeschichte: 1432 hatten Berlin und Cölln – bislang zwar oft gemeinsam handelnd, aber selbständig – sich zu einem Gemeinwesen vereinigt, um die Ansprüche des neuen Landesherren, Friedrich I., besser abwehren zu können. Dieser und sein Nachfolger Friedrich II. konnten jedoch die sozialen Spannungen, die es in der Stadt zwischen dem Patriziat und dem Bürgertum gab, ausnutzen, um ihre eigene Stellung zu stärken und sich gegenüber den verschiedenen Ständen in eine Schiedsrichterposition zu bringen. So behauptete Friedrich II., der den Beinamen »Eisenzahn« trug, seine Macht und zwang Berlin und Cölln, sich wieder zu trennen. 1442 mußte auf sein Geheiß die Vereinigung rückgängig gemacht werden – die erste Einheit Berlins hatte also nur zehn Jahre gewährt. Auch andere Privilegien, die die Stadt genossen hatte, wie die Gerichtshoheit und das Niederlagsrecht, d.h. das Recht, von durchreisenden Händlern das Feilbieten der Waren zu verlangen, wurden widerrufen. Demonstrativ zog in das gemeinsame Rathaus der neuen Gemeinde ein kurfürstlicher Richter ein. Der Herrscher selbst legte 1443 den Grundstein für eine Residenz in Cölln, mit der er seinen Machtanspruch unterstreichen wollte. Folgerichtig wurde das markgräfliche Schloß »Zwingburg« genannt.

»Von Natur zur Faulheit geneigt«
Berlin 1505

Die Einwohner sind gut, aber zu rauh und ungelehrt, sie lieben mehr die Schmausereien und den Trunk als die Wissenschaften. Selten findet man einen Mann, der die Bücher liebt, sondern aus Mangel der Erziehung und der Lebensart ziehen sie die Gesellschaften, den Müßiggang und die Pokale vor. Die Ausschweifung im Trinken wird von ihnen nicht für ein Laster gehalten, doch gibt es auch viele unter ihnen, die sich dessen enthalten, und die Einzöglinge aus Franken und Schwaben, wie ich oft bemerket, sind mehr dem Soff ergeben als die Landeseinwohner. Man kann von den Märkern sagen, daß sie durch die vielen Festtage und durch ihre Faulheit zur Armut gebracht werden und daß sie durch das viele Fasten und den Soff ihren Tod beschleunigen, zudem sie hierin die übrigen Teutschen übertreffen. Sie sind von Natur zur Faulheit geneigt.

Johannes Trithemius (eigentlich: Johannes Zeller aus Trittenheim bei Trier, 1462–1516) in der ältesten erhaltenen Reisebeschreibung Berlins aus dem Jahre 1505.

Die Berlin-Cöllner waren damals nicht begierig darauf, in einer Hauptstadt zu leben. Zwar wollten sie die Zusammengehörigkeit mit der Mark Brandenburg nie auflösen, da sie genau sahen, wie abhängig sie von der Region waren, aber sie wollten ihre Eigenständigkeit und ihren Einfluß behalten, über die sie zweihundert Jahre lang verfügt hatten.

Als auch die finanziellen Forderungen des Markgrafen und seiner Amtsträger immer größer wurden, zeigten die

Bürger 1448 ihren »Unwillen« und begehrten auf. Die Vertreter des Landesherren wurden angegriffen, der Schloßbauplatz geflutet. Da keine Hilfe von außen kam, war diese frühe Revolution jedoch nicht erfolgreich. Berlin und Cölln, nun wieder getrennt, wurden 1448 kurfürstliche Residenzstädte. Sie verloren damit die politische und wirtschaftliche Selbständigkeit, um die sie gekämpft hatten.

Betroffen von dieser Herabstufung der beiden Städte war auch ihre Mitgliedschaft in verschiedenen Städtebündnissen, die im 14. Jahrhundert gegen die zunehmende Unsicherheit, aber auch gegen die überbordenden Ansprüche der Landesherren geschlossen worden waren. Der Kurfürst verbot Berlin und Cölln nun die Teilnahme an solchen Allianzen. Die Mitgliedschaft Berlins und Cöllns in der Hanse, die vor 1359 erworben worden war, erlosch damit ebenfalls. Dies empfanden die Bürger allerdings nicht als besonderen Schaden, da sie von der Hanse beim »Berliner Unwillen« trotz heftiger Bitten um Unterstützung im Stich gelassen worden waren. Eine große Rolle hatte die Doppelstadt in diesem Handelsbündnis ohnehin nicht gespielt.

Berlin-Cölln war nun also markgräfliche Residenz. Die frühe Blüte der Stadt war vorüber, sie hatte 1448 ihre erste Zeitenwende erlebt.

Der Dreißigjährige Krieg

Die zweite Zeitenwende in der Berliner Geschichte war der Dreißigjährige Krieg, der von 1618 bis 1648 in Mitteleuropa ausgefochten wurde. Berlin war in den Jahren von 1627 bis 1643 von ihm betroffen und wurde dadurch in seinen Grundfesten erschüttert.

In den knapp zweihundert Jahren zwischen dem Verlust der Autonomie und dem Beginn des großen Krieges hatte sich Berlin zu einem beschaulichen Residenzstädtchen entwickelt. 1451 bezog der Markgraf sein Schloß in Cölln, das allerdings erst 35 Jahre später der ständige Aufenthaltsort der Landesherren und ihres Hofes wurde. Es dauert offensichtlich gelegentlich etwas länger, wenn Berlin Hauptstadt werden soll.

Die Räte der Städte wurden immer mehr zu einem Exekutivorgan der landesherrlichen Verwaltung. An ihrer Spitze standen vier Bürgermeister für Berlin und zwei für Cölln. Der jeweils Dienstälteste führte den Titel »Regierender Bürgermeister«. Als klares Zeichen der neuen Machtverhältnisse wurde das gemeinsame Rathaus von Berlin-Cölln 1511 ersatzlos abgerissen.

Die Sozialstruktur der Stadt veränderte sich durch die Residenz nachhaltig. War das Bild früher vom Nah- und Fernhandel geprägt, orientierten sich die Kaufleute jetzt am Bedarf des Adels, wurden »Hoflieferanten« und bemühten sich, ihre Kinder in der kurfürstlichen Verwaltung unterzubringen. Durch den Bedarf nicht nur an Gebrauchsgegenständen, sondern auch an Luxusgütern wurden immer mehr Handwerker und neue Gewerbe von der Stadt angezogen. Über zwanzig neue Zünfte entstanden im 16. Jahrhundert in Berlin, und Berufe wie »Hutstaffierer« und »Pastetenbäcker« kamen in die Stadt.

Die Bevölkerung verdoppelte sich fast und zählte nun, um 1600, trotz mehrerer Pestepidemien 12000 Köpfe. Viele derer, die nach Berlin-Cölln kamen, um ihr Glück zu machen oder wenigstens ihre Existenz zu sichern, waren jedoch nicht erfolgreich. Die Armut in der Stadt nahm zu, neben den Seuchen quälte der Hunger viele Menschen, die Preise explodierten.

In dieser Situation kam es zu einer erneuten Verfolgung der Juden, die mit jenen abstrusen Vorwürfen überhäuft wurden, wie sie (bis in die jüngste Zeit) überall gegen sie benutzt wurden. So wurden 1510 einhundert Juden, die beschuldigt worden waren, Hostien gestohlen und geschändet zu haben, verhaftet und in einem Schauprozeß verurteilt. 38 der angeklagten Juden wurden im Juli 1510 auf dem Neuen Markt an der Marienkirche öffentlich verbrannt, alle anderen – bei Einziehung ihres Vermögens – des Landes verwiesen. Die Verzweiflung über die Notsituation in der Stadt war so gegen eine wehrlose Minderheit kanalisiert worden, an der man sich zudem noch bereichern konnte.

Bereits im 14. Jahrhundert war es zu einem Pogrom gegen die Juden gekommen. Damals war ihnen im Zusammenhang mit der Pest vorgeworfen worden, sie hätten die Brunnen vergiftet und so die Krankheit verursacht. Die Juden mußten von Anfang an als Sündenböcke herhalten. Leider sollte in der Geschichte Berlins die Judenverfolgung von 1510 nicht die letzte – und nicht die schlimmste – gewesen sein.

Im Jahre 1540 wurde vom Kurfürsten durch den Erlaß einer neuen Kirchenordnung die Reformation, die 1517 ihren Ausgang im nahen Wittenberg genommen hatte, verkündet und also eingeführt. Die Berlin-Cöllner waren die Vorreiter dieser Bewegung gewesen und hatten bereits Ende 1539 das erste evangelische Abendmahl gefeiert. Dies war überhaupt erst möglich geworden durch den Übergang der Herrschaft von Joachim I. auf seinen Sohn. Der alte, 1535 gestorbene Kurfürst war ein unerbittlicher Gegner der Reformation. Als seine Frau, die schöne und schwermütige Kurfürstin Elisabeth, zum lutherischen Glauben übertrat, diskutierte er mit den führenden Geistlichen des Landes, ob er sie zum Tode verurteilen oder sich scheiden lassen solle. Auf Anraten der Kirchenoberen setzte er seine Gattin dann für ein halbes Jahr Bedenkzeit in Haft, aus der sie im März 1528 fliehen konnte. Dem Kurfürsten war das sicherlich nicht nur aus religiösen Gründen ganz recht, da er sich nun ganz seiner Geliebten widmen konnte, deren Mann er aus Brandenburg hatte ausweisen lassen.

Daß Joachim II. (1535–1571) dann die Reformation einführte, hatte sicherlich auch damit zu tun, daß er so den Kirchenbesitz konfiszieren konnte, darunter die Güter und Einnahmen der Berliner Kirchen, Klöster und Hospitäler. Der Kurfürst war nämlich in ständiger Geldnot, was wesentlich mit seinem Lebenswandel zu tun hatte. Er feierte opulente Feste; das Schloß ließ er grundlegend umgestalten und erweitern. Um vom Jagdschloß Grunewald schneller nach Hause gelangen zu können, gab er den Bau eines Knüppeldamms durch das zum Teil sumpfige Gelände in Auftrag, der heute als »Kurfürstendamm« bekannt ist.

Nach der Reformation bestand als oberste geistliche Behörde seit 1543 das Kurfürstliche Konsistorium, das sich nun auch um Aufgaben kümmern mußte, die bislang die Kirche wahrgenommen hatte, wozu Krankenpflege und Schulwesen gehörten. Im Jahre 1574 wurde in einem Teil des ehemaligen Franziskaner-Klosters das Berlinische Gymnasium zum Grauen Kloster eingerichtet, das aus staatlichen Mitteln sowie Spenden finanziert wurde und auch Schüler von außerhalb aufnahm.

Der Sohn und Nachfolger Joachims II., Kurfürst Johann Georg (1571–1598), leitete eine Wende im Ausgabeverhalten ein, nachdem Völlerei und Trunksucht überhand genommen hatten. 1580 wurden die Einwohner Berlins und Cöllns in vier Stände eingeteilt. Je nach Standeszugehörigkeit war genau festgelegt, welche Stoffe und welchen Schmuck man tragen durfte, was man an Speisen und Getränken zu sich nehmen und wie viele Gäste man einladen durfte. Dies war bereits die zweite Luxusordnung in der Berliner Geschichte, jetzt aber war der erlaubte Aufwand an den gesellschaftlichen Status geknüpft und entsprechend gestaffelt.

Für viele Bürger Berlins und Cöllns hatte diese Beschränkung des Luxus jedoch keinerlei Bedeutung – sie kämpften um die schiere Existenz, die nicht nur durch die Pest, sondern auch durch Teuerungen und Hungersnöte bedroht war. Die traditionellen Mittel, die Armen zu versorgen, reichten bald nicht mehr aus, so daß in Gasthäusern und bei Festen Sammelbüchsen für sie aufgestellt wurden.

Die sozialen Spannungen waren auch der Hintergrund des »Berliner Tumults« von 1615, in dem die Berliner und Cöllner wieder einmal gegen ihren Landesherrn aufbegehrten. Anlaß dieser Unruhen war der 1613 vollzogene Übertritt des Kurfürsten vom Luthertum zum Calvinismus, den er von da an auch politisch bevorzugte. Die Auseinandersetzung darüber wurde durch Flugschriften und Diskussionen geführt, eskalierte jedoch in heftigen Zusammenstößen, als der Bruder des Kurfürsten, der für den abwesenden Landesherrn die Geschäfte führte, den Dom von allen Bildnissen säubern ließ.

Der Kurfürst kehrte eilends in die Residenzstadt zurück, beruhigte die Lage und beendete so den Tumult. Die Bürger mußten in einem schriftlichen Eid allen Gemeinsamkeiten mit den Aufrührern abschwören, mehr geschah ihnen und der Stadt nicht. Die Religionsfreiheit war auch weiterhin garantiert, wovon auch die Gattin des Kurfürsten profitierte, die zum Luthertum stand, ohne das Schicksal ihrer

Vorgängerin Elisabeth erleiden zu müssen. Bei der Unterschrift unter den Treueeid stellte sich übrigens heraus, daß die Mehrheit der Unterzeichner aus Berlin und über ein Drittel derer aus Cölln ihren Namen nicht schreiben konnten, was ein Licht auf den Bildungsstand der Bevölkerung zu dieser Zeit wirft.

Kurze Zeit später, 1618, begann der Dreißigjährige Krieg, der für Mitteleuropa verheerende Folgen hatte. Die erste Schlacht dieses Krieges wurde in Prag geschlagen. Berlin-Cölln traf es zum ersten Mal, als die Doppelstadt 1627 von Wallenstein, dem mächtigen Führer des Heeres von Kaiser Maximilian, besetzt wurde. Der den politischen Intrigen und Strategien der Zeit nicht gewachsene brandenburgische Kurfürst Georg Wilhelm versuchte, in den Auseinandersetzungen neutral zu bleiben – mit dem Ergebnis, daß er von keiner Kriegspartei respektiert wurde. Mehrfach zogen die fremden Heere durch Brandenburg. Da sie – wie mehr oder weniger alle Truppen dieser Zeit – darauf angewiesen waren, sich durch Beschlagnahmungen, Plünderungen und Raub selbst zu erhalten, mußten das Land und seine Hauptstadt immer wieder Federn lassen oder sich von den drohenden Gewaltmaßnahmen durch Kontributionen freikaufen. Der Kurfürst wollte seine Bürger nicht leiden sehen – und verbrachte die schlimmsten Jahre des Krieges in Königsberg in Ostpreußen.

Ab 1643 war Berlin nicht mehr von militärischen Maßnahmen betroffen. Kurfürst Friedrich Wilhelm, seit 1640 der Herrscher über Brandenburg, kehrte in die Residenzstadt zurück. Doch nichts war mehr wie früher. In Berlin war über ein Drittel der Häuser zerstört, in Cölln fast jedes zweite. Der Handel lag brach, die Bevölkerung war auf die Hälfte dezimiert. Der Dreißigjährige Krieg hatte ein Kapitel der Geschichte Berlins beendet.

Die Garnisonsstadt

Der Nachfolger von Georg Wilhelm, der seit 1640 (bis 1688) herrschende Friedrich Wilhelm, stand vor gewaltigen Problemen des Wiederaufbaus, den er in hervorragender Weise organisierte. In die Geschichte ist er als der »Große Kurfürst« eingegangen; sein Reiterstandbild schmückt heute den Hof des Schlosses Charlottenburg.

Neben den Zerstörungen und der allgemeinen Verarmung stellte der Bevölkerungsrückgang ein gravierendes Problem dar. Der Große Kurfürst forcierte daher die Einwanderung nach Brandenburg. Natürlich war der Reiz, in ein verarmtes und zerstörtes Land zu kommen, nicht gerade groß. Friedrich Wilhelm bot daher potentiellen Immigranten etwas, das sie zu dieser Zeit selten fanden: religiöse Toleranz. Der stärkste, aber keineswegs erste Ausdruck dieser Politik war das Edikt von Potsdam, mit dem er 1685 den französischen Hugenotten, den vom französischen König Ludwig XIV. verfolgten Calvinisten, in Brandenburg eine Heimat bot. Dies fiel ihm um so leichter, als er selbst ja Calvinist war (und damit im Gegensatz zu seinem Volk stand, das sich nach wie vor überwiegend zum Luthertum bekannte). Insgesamt kamen rund 15000 dieser Glaubensflüchtlinge ins Land, 6000 davon nach Berlin.

Schon früher, nämlich 1671, hatte der Große Kurfürst fünfzig jüdischen Familien aus Österreich das Niederlassungsrecht gewährt – knapp hundert Jahre, nachdem alle Juden aus Brandenburg ausgewiesen worden waren. Bei den österreichischen Juden handelte es sich um wohlhabende Familien, deren weitverzweigte Handelsbeziehungen der Stadt zum Guten gereichen sollten.

Die religiöse Toleranz des Großen Kurfürsten war also

»Ziemlich grob und ungesalzen«
Berlin 1667

Berlin hat ein besonderes Rathaus, welches aber kein sonderliches Wesen ist. Die St.-Nikolai-Kirche ist die Hauptkirche. Nach ihr kommt die Marien-, die Heilige Geist- und die Klosterkirche. Die Bürgerschaft Berlins bekennet sich zum Luthertum, und sind die meisten mit ihren Predigern ziemlich grob und ungesalzen. Die mehrsten Häuser sind von Stein erbauet und geben den breiten und ziemlich langen Straßen ein merklich Ansehen. Aus Berlin gehet man auf zweien Orten nach Kölln, der eine Weg führet über den Mühlendamm, der andere über die Lange Brücke, von welcher aus man auf dem Platz vor dem Schloß arrivieret. Diese Brücke ist ein überaus zierlich Bauwerk nach holländischem Modell und trägt zu beiden Seiten an den Bahnen die Wappen der brandenburgischen Provinzen. Auf dem großen Platz, der Brücke gegenüber, steht die Domkirche, und rechts präsentiert sich die kurfürstliche Residenz.

Um die Stadt herum habe ich wenig von schönen Gärten gesehen, da der Sandboden eine Anpflanzung nicht wohl zuläßt. An Viktualien, sonderlich an Fischen und Krebsen, ist zwar hier viel Überfluß; allein die Vielheit der Offiziere, der Bedienten, der Schleckermäuler und Soldaten, vornehmlich aber der große Hofstaat macht das Leben sehr teuer. Die Handlung erstrecket sich nicht sehr weit; die Manufakturen, so man hier fertigt, werden auch am Orte wieder konsumieret. Der Hof aber läßt sich die Waren meist aus Holland und Hamburg bringen.

Der schlesische Gymnasialprofessor Friedrich Lulä (1644–1708) in einem Bericht über den Besuch Berlins im Jahre 1667.

durchaus praktisch motiviert; sie war dennoch eine wesentliche Errungenschaft, die sich – mit Ausnahme der Akzeptanz der Juden – auch im späteren Preußen erhalten hat. Sie war allerdings auch nicht immer so klar und eindeutig, wie das im Rückblick oft erscheint.

Das Besondere an der Einwanderung der Österreicher und Franzosen war, daß hier die Angehörigen von wirtschaftlich, handwerklich und kulturell weiter entwickelten Ländern nach Berlin kamen. Sie wollten nicht – wie die meisten Migranten unserer Tage – der wirtschaftlichen Unterentwicklung entgehen, sondern der religiösen Repression.

Über vierzig Gewerbezweige sollen die Hugenotten neu in die Stadt gebracht haben; den Österreichern verdanken die Berliner die »Feinbäckerei«, wenn auch mehr dem Namen als der Handwerkskunst nach. Auch kulturell brachten vor allem die Hugenotten neue Impulse nach Berlin. Sie hatten eine eigene Kirche, die später von Friedrich dem Großen zum »Französischen Dom« aufgebaut wurde, sowie eine eigene Schule. Um 1700 waren rund 20 Prozent der Bevölkerung französisch. Das 1689 gegründete Französische Gymnasium ist auch heute noch eine der angesehensten Schulen der Stadt. Die Schüler legen das französische und das deutsche Abitur ab. In der Französischen Friederichstadt-Kirche hingegen wird längst auf deutsch gepredigt. Der Berliner Dialekt sowie die Familiennamen vieler Bürger der Stadt zeugen noch heute vom Einfluß der Hugenotten.

Unter dem Großen Kurfürsten baute Brandenburg ein stehendes Heer auf, zur Sicherung nach außen und als Garantie gegen innere Unruhen. Berlin-Cölln wurde so zur Garnisonsstadt. Die Bürger begeisterte diese Entwicklung nicht, zumal die Soldaten und Offiziere mangels Kasernen bei ihnen einquartiert wurden. Außerdem schränkte der Kurfürst die städtische Selbstverwaltung weiter ein. Seit 1658 hatte ein Militärgouverneur die Polizeigewalt in der Doppelstadt inne, der auch die Anordnungen des Landesherren umsetzte und für weite Bereiche des städtischen Lebens zuständig war.

Wirtschaftlich profitierte die Stadt sehr stark von einer Maßnahme, die außerhalb ihrer Grenzen vorgenommen wurde. Bei Müllrose, auf halbem Weg nach Frankfurt/Oder, wurden die Spree und die Oder durch einen Kanal miteinander verbunden. Damit gab es erstmals eine Verbindung zwischen Nordsee und Ostsee. In der Mitte dieses Wasserwegs lag Berlin, das nun zu einem Hauptumschlagplatz der Fernhandelswaren wurde. Noch heute ist Berlin die zweitgrößte Binnenhafenstadt Deutschlands.

Auch die Kultur wurde vom Großen Kurfürsten gefördert. Seine Kunstsammlungen bildeten später den Grundstock für die Berliner Museen. Die von ihm errichtete Bibliothek wuchs schnell und zählte 1686 schon 1600 Handschriften und über 20000 Bücher. Auf dem Feld der Musik entwickelte sich die Stadt ebenfalls.

Die Bevölkerungszahl stieg in dieser Zeit stetig und betrug beim Tod des Kurfürsten 1688 ungefähr 20000 Einwohner. Durch die Bevölkerungszunahme wuchs auch der Wohnungsbedarf. In der zweiten Hälfte des 17. Jahrhunderts entstanden westlich von Cölln drei neue Orte, die das Stadtrecht erhielten: Friedrichswerder (1670), Dorotheenstadt (1674) und Friedrichstadt (1688). 1710 wurden diese Städte dann mit Berlin und Cölln zur Stadt Berlin zusammengefaßt. Auch Berlin und Cölln waren damit wieder vereinigt. Der Preis, den die Stadt dafür allerdings zu zahlen hatte, war die Aufgabe der letzten kommunalen Freiheiten, die die einzelnen, jeweils von einem Magistrat verwalteten Städte bisher gegen die Macht des Landesherrn hatten sichern können. So bestimmte beispielsweise der König fortan alle Magistratspersonen. Da die meisten Freiheiten seit längerer Zeit aber ohnehin nur noch auf dem Papier existiert hatten und tatsächlich längst durch den Kurfürsten und seinen Militärgouverneur ausgehöhlt waren, blieb ein Protest der Bürger diesmal aus.

Unter der Regentschaft des Sohnes und Nachfolgers des Großen Kurfürsten, Friedrich III., wurde Berlin sogar königliche Residenzstadt. Friedrich III. hatte sich nämlich 1701 in Königsberg selbst als Friedrich I. zum König gekrönt. Da er aber nur über einen Teil Preußens herrschte – es fehlten noch die Eroberungen seines Enkels Friedrich II. – nannte er sich »König in Preußen«.

Friedrich I. und sein Nachfolger Friedrich Wilhelm I. bauten Berlin weiter aus, allerdings mit unterschiedlichen Schwerpunkten. Der erste Preußenkönig, der »Schiefe Fritz«, ließ das Schloß imposanter machen und gab weitere Schlösser in der Umgebung – darunter auch das Schloß Charlottenburg westlich der Stadt – in Auftrag. Die von ihm gegründete Akademie der Wissenschaften, die am Geburtstag des Regenten im Jahre 1700 unter dem Namen »Kurfürstlich-Brandenburgische Sozietät der Wissenschaften« ins Leben gerufen wurde, entfaltete allerdings keine großen Aktivitäten. Ihr erster Präsident, der Philosoph Gottfried Wilhelm Leibniz, verließ daraufhin im Jahre 1711 enttäuscht die Stadt an der Spree.

Insgesamt verschuldete der erste Preußenkönig den Staat durch seine Prunksucht tief. Sein Sohn, der »Soldatenkönig«, führte hingegen ein strenges Regiment und machte Brandenburg-Preußen zu einer Militärmacht von europäischer Bedeutung. Die Voraussetzung dafür war eine eiserne Sparsamkeit, die die Residenzstadt Berlin, deren Wohlstand nicht zuletzt auf der Befriedigung der Bedürfnisse des Hofes beruhte, wirtschaftlich in Mitleidenschaft zog. Während die Bevölkerung Berlins bislang ständig zugenommen hatte, wanderten jetzt Tausende von Handwerkern ab. Auch verließen viele die Stadt, um der Wehrpflicht zu entgehen. Erst als diese zunächst für Handwerker, dann für alle Bewohner der Residenzstädte aufgehoben wurde, verebbte die Abwanderungswelle.

Durch den Zusammenschluß und die zunehmende Bedeutung des Militärs veränderte sich das Bild der Stadt. Innerhalb und außerhalb der Stadt wurden Reit- und Exerzierplätze angelegt, selbst der Lustgarten wurde in ein militärisches Übungsfeld umgewandelt. 1709 hatte Berlin 55000 Einwohner, davon über 5000 Militärpersonen, knapp fünfzig Jahre später (1755) zählte die Stadt 100000 Einwohner, von denen über 26000 zum Militär gehörten. Zwar wurden die Hauseigentümer für die Einquartierung der Soldaten materiell entschädigt, das Geld dafür wurde jedoch durch eine wiederum von ihnen zu zahlende Steuer, den Servis, aufgebracht. Erst unter Friedrich II., der 1740 die Regentschaft übernahm, begann der Kasernenbau.

Die Befestigungsanlagen zwischen den jetzt vereinigten Städten verschwanden. Um die neue Gesamtstadt wurde eine über 14 km lange Stadtmauer gebaut, die im wesentlichen der Zollkontrolle diente und Deserteuren ein Hindernis sein sollte. In dieser Mauer gab es 14 Stadttore, deren Namen zum Teil heute noch geographische Orientie-rungspunkte sind wie das Oranienburger, das Hallesche oder das Frankfurter Tor. Das bekannteste Stadttor ist das Brandenburger Tor, das in seiner heutigen baulichen Gestalt aber erst Ende des 18. Jahrhunderts entstand.

Der Soldatenkönig investierte auch in Bildung und Wissenschaft, vor allem an der Basis. 1717 wurde die allgemeine Schulpflicht eingeführt, die sich allerdings erst Jahrzehnte später tatsächlich durchsetzte. Aus einem 1710 gegründeten Pesthaus entstand 1726 die Charité, die nicht nur Hospital, sondern zugleich medizinische Lehrstätte war (und bis heute ist).

Seit 1721 erschien in Berlin eine Zeitung, die unter ihrem späteren Namen ›Vossische Zeitung‹ großes Ansehen erlangte.

Friedrich Wilhelm I. war ein gestrenger Landesherr und ein strenger Vater. Seinen Sohn, den späteren Friedrich II., unterwarf er mit großer Brutalität. Dieser wollte ihm 1730 entfliehen, doch die Flucht mißlang. Er wurde gefaßt; sein Freund und Mitwisser Hans Hermann von Katte wurde von einem Militärgericht zum Tode verurteilt. Einen Richterspruch über Friedrich selbst fällte das Gericht nicht, da es nicht in eine Auseinandersetzung zwischen Vater und Sohn eingreifen wollte. Friedrich mußte der Hinrichtung seines Freundes beiwohnen. Selbst die 16jährige Potsdamerin Doris Ritter, die mit Friedrich ein harmloser Flirt verband und die von dem – auf einer Reise nach Ansbach unternommenen – Fluchtversuch nichts wußte, bekam den Zorn des königlichen Vaters zu spüren. Obwohl eine demütigende Untersuchung ergab, daß sie noch Jungfrau war, wurde sie durch Potsdam geführt und vor dem Rathaus, vor dem Haus ihres Vaters und an allen Ecken der Stadt öffentlich ausgepeitscht. Friedrich schrieb in dieser Zeit in einem Brief, er habe »die bittere Erfahrung gemacht, daß ein feindlich gesinnter Vater das schlimmste auf Erden ist«.

Als Friedrich Wilhelm I. 1740 starb, hatte er seinem Sohn, Friedrich II., eine unglückliche Kindheit und Jugend beschert, hinterließ ihm aber ein geordnetes, militärisch starkes und finanziell stabiles Land.

Dieser Friedrich II., heute allgemein als Friedrich der Große bekannt, sollte Berlin die nächste Zeitenwende bringen, die anders als manche vor oder nach ihr nicht auf einen bestimmten Tag oder eine bestimmte Woche festlegbar ist. Die 46jährige Herrschaft des »Alten Fritz« war eine Ära für sich; sie leitete jedoch gleichzeitig eine neue Epoche der Berliner und der preußischen, ja sogar der europäischen Geschichte ein.

Hauptstadt der Großmacht Preußen

Friedrich II. veränderte Preußen und Berlin stark. Schon unter seinen Vorgängern waren erhebliche Mittel in die Gestaltung Berlins investiert worden, im wesentlichen, aber keineswegs ausschließlich in Repräsentativbauten. So hatte Friedrich I. das Stadtschloß umbauen lassen, und unter Friedrich Wilhelm I. war das Berliner Kammergericht entstanden, das heute als Berlin-Museum der Öffentlichkeit zugänglich ist.

In der Regierungszeit Friedrichs II. nahm die Bautätigkeit jedoch stark zu. Es entstanden zahlreiche Gebäude, mit denen die Stadt Berlin sich bis heute schmückt, so zum Beispiel die Staatsoper Unter den Linden, die (katholische) St.-Hedwigs-Kathedrale und die Königliche Bibliothek, die jetzt von der Humboldt-Universität genutzt wird.

Stolz blickt Friedrich II., der aufgeklärte Absolutist, heute von seinem Reiterstandbild Unter den Linden auf dieses Forum Fridericianum. Unter dem Schweif seines Pferdes sieht man übrigens Vertreter des Geisteslebens, darunter Gotthold Ephraim Lessing, Immanuel Kant und den Komponisten Carl Heinrich Graun. Berlin war unter der Herrschaft des »Philosophen auf dem Königsthron« zu einem Zentrum der Aufklärung geworden. Persönlichkeiten wie Kant, Moses Mendelssohn und der Verleger Friedrich Nicolai hatten daran großen Anteil. Der König selbst las die Schriften der Aufklärung auf französisch, denn sein Deutsch war so schlecht, daß er sich deutsche Autoren übersetzen lassen mußte. Bei Hofe in Berlin parlierte man – wie generell in Adelskreisen – auf französisch.

Die Bezeichnung Friedrichs II. als Philosophen beschreibt aber nur einen Teil seiner Persönlichkeit und seiner Politik.

Die Vergrößerung Preußens und seines Einflusses in Europa erreichte er nicht durch gelehrte Dispute, sondern durch insgesamt drei Kriege. Deren letzter, der Siebenjährige Krieg, brachte Preußen an den Rand einer Existenzkrise. Die Folgen bekam vor allem auch Berlin zu spüren. Nur durch den glücklichen Umstand, daß die russische Zarin Elisabeth »zur richtigen Zeit« starb, gelang es Friedrich, aus dem Krieg ungeschlagen hervorzugehen. Aber der Handel ging in diesen Jahren stark zurück, die Stadt wurde belagert und besetzt und mußte sich durch Kontributionen freikaufen, die Wirtschaft lag darnieder.

Nach dem Krieg, 1763, stand Friedrich vor der Aufgabe, die ökonomische Basis seines Staates wiederherzustellen. Er tat dies durch eine energische Wirtschaftspolitik, die auf zwei Säulen ruhte: der Wirtschaftsförderung und dem Protektionismus. Waren, die im eigenen Land hergestellt werden konnten, durften nicht mehr oder nur noch unter erschwerten Bedingungen eingeführt, Rohstoffe nicht mehr ausgeführt werden. Die Textilmanufaktur wurde gefördert, und Berlin entwickelte sich zu einem Zentrum des Seidengewerbes. Noch bestehende Zunftbeschränkungen, die das Wirtschaftswachstum bremsten, wurden vom König außer Kraft gesetzt.

Nach dem Ende des Siebenjährigen Krieges wuchs auch die Bevölkerung Berlins wieder und stieg bis zum Jahre 1784 auf 145000 Einwohner an. Berlin zog damit mit Städten wie Amsterdam, Madrid, Rom oder Wien gleich. Die Hauptstadt Berlin war international so lange relativ unbedeutend gewesen, wie der Staat, dessen Kapitale sie war, kein übermäßiges Gewicht hatte. Als sich das änderte, als Preußen in die erste Liga der europäischen Mächte aufstieg, wandelte sich auch Berlin. Drei Kriege, mehrere Drohungen mit Gewalt und die erste polnische Teilung waren nötig, um diesen Status zu erlangen.

Preußen erschöpfte sich durch diesen Entwicklungsprozeß; die Nachfolger des »Alten Fritz« meinten, sich auf den Lorbeeren ihres großen Vorgängers ausruhen zu können. Sie übersahen, daß ein Land wie Preußen entweder durch die Wertschätzung der Nachbarn oder durch eigene Machtmittel geschützt werden mußte. Während sie das eine nicht anstrebten, vernachlässigten sie das andere.

Friedrich Wilhelm II., der Neffe Friedrichs des Großen, der diesem auf dem Thron folgte, stoppte auch den Prozeß der geistigen Öffnung des Landes. Er war ein erklärter Gegner der Aufklärung und sah das Wohl des Staates am besten durch Zensur und Repression gesichert. Die Wirtschaftspolitik seines Onkels betrieb er nicht weiter, was eine bald eintretende ökonomische Krise zumindest mitverursachte, unter der ein Großteil der Bevölkerung litt. Majestät interessierten sich derweil mehr für Architektur und gaben das Geld dafür mit vollen Händen aus.

Die Quittung für die politische, wirtschaftliche und intellektuelle Stagnation stellte den Preußen der französische Kaiser Napoleon aus. Nachdem er die preußischen Truppen vernichtend geschlagen hatte, zog er Ende Oktober 1806 als Sieger und Besatzer durch das Brandenburger Tor in die Stadt ein. »Der König hat eine Bataille verloren«, verkündete ein Plakat des preußischen Gouverneurs von Berlin, von der Schulenburg, »jetzt ist Ruhe die erste Bürgerpflicht« – als ob nicht die lange anhaltende »Ruhe« diese Niederlage erst ermöglicht hätte. »Der König und seine Brüder leben«, hieß es auf dem öffentlichen Anschlag weiter. Man hätte hinzufügen können: »fernab vom Geschehen«, denn Friedrich Wilhelm III., der seit 1797 regierte, war – der Tradition seiner Vorgänger folgend – nach Königsberg ausgewichen.

Napoleon ließ als Zeichen seines Triumphes neben anderen Kunstschätzen die Quadriga – einen vierspännigen Wagen, mit dem die Friedensgöttin in die Stadt einfährt –

vom Brandenburger Tor nehmen und nach Paris bringen. Im Louvre konnte sie besichtigt werden und von den Großtaten Napoleons künden. Mit ihr verlor Berlin weitere Kunstwerke, aber die Stadt litt auch materiell sehr stark. Der Raub der Quadriga war das Symbol einer erneuten Zeitenwende in der Berliner Geschichte.

In Preußen wurde schnell klar, daß die Niederlage nicht nur eine verlorene Schlacht der preußischen gegen die französische Armee war, sondern eine der alten Zeit gegen die neue. Den vom revolutionären Geist beseelten Franzosen hatten die in vielerlei Hinsicht erstarrten Preußen nichts entgegenzusetzen. Die Konsequenz daraus war zwingend: Wollte Preußen die Niederlage revidieren, mußte es sich selbst erneuern, die Bürger mußten in die Entscheidungsprozesse einbezogen werden und sich in der Folge mit dem Staat identifizieren.

Wichtige Maßnahmen in diesem Zusammenhang waren die Reformen des Staatsministers Freiherr vom Stein sowie des Staatskanzlers von Hardenberg. Durch eine Städteordnung wurde die Gemeindeselbstverwaltung eingeführt, die Städte erhielten finanzielle Autonomie. 1809 fanden in Berlin die ersten Wahlen zur Stadtverordnetenversammlung statt. Man wollte die Bürger an ihren eigenen Angelegenheiten beteiligen und sie so motivieren, sich für den Staat einzusetzen. Die Wahlbeteiligung von 7 Prozent war denn auch kein Ausdruck von Politikverdrossenheit, sondern eine Folge des Wahlrechts, das nur Bürgern mit Hauseigentum oder einem Jahreseinkommen von mindestens zweihundert Talern die Teilnahme gestattete. Die Wahllokale waren die Kirchen.

Die Aufhebung der Standesschranken und die Einführung der Gewerbefreiheit führten zu einem starken Zuzug nach Berlin sowie einer Phase wirtschaftlicher Prosperität. 1812 wurde ein Edikt über die Juden erlassen, das ihnen den Zugang zu allen Berufen erlaubte. Wieder einmal war die

Gleichberechtigung der Juden das Ergebnis eines auf Wiederaufbau zielenden Kalküls, nicht der seit der Französischen Revolution verbreiteten Idee der Menschenrechte.

1810 wurde die Berliner Universität gegründet, erst 1810 müßte man eigentlich sagen, denn andere Universitäten existierten in Deutschland bereits seit Jahrhunderten. Geistiger Vater der Hochschule war Wilhelm von Humboldt, dessen Namen die Universität heute trägt. Damals führte sie den Namen des Landesherrn: Friedrich-Wilhelms-Universität. Ihr erster, 1811 gewählter Rektor war der Philosoph Johann Gottlieb Fichte, dessen ›Reden an die deutsche Nation‹ die Berliner 1807/08 aufgerüttelt hatten.

1812 wurde Preußen in eine Militärkoalition mit Frankreich gezwungen, die für Berlin weitere materielle Lasten bedeutete. Erneut rückten auch französische Soldaten in Berlin ein. Als aber Napoleons Heere in Rußland besiegt worden waren und Preußen die Zwangsallianz mit Frankreich zugunsten eines Bündnisses mit Rußland löste, wurde Berlin 1813 zum Zentrum der nationalen Erhebung, die in die Freiheitskriege mündete. Die Preußen »gingen 'ran wie Blücher«, 1814 war Frankreich geschlagen. Das Völkerschlachtdenkmal in Leipzig zeugt bis heute davon. General Blücher selbst, von der Bevölkerung »Marschall Vorwärts« genannt, avancierte zum Volkshelden.

Auf seine und Friedrich Wilhelms III. (1797–1840) Veranlassung wurde die Quadriga unverzüglich nach Berlin zurückgeholt. Der Transport per Pferdewagen dauerte über zwei Monate. Ab dem Rhein glich er einem Triumphzug unter starker Anteilnahme der Bevölkerung, die dem Zug Blumen und Gedichte widmete. Auf Wunsch des Königs erhielt die Victoria, nun von der Friedensgöttin zur Siegesgöttin mutiert, ein neues Emblem, nämlich das Eiserne Kreuz, das der König von Karl Friedrich Schinkel als Auszeichnung für die Befreiungskriege, und nur für sie, hatte schaffen lassen. Von dem Eichenlaubkranz, der das

Johann Gottlieb Fichte
Rede an die deutsche Nation

...Das, was eigentlich in die Verworrenheit über unsre Lage, in unsre Gedankenlosigkeit, in unser blindes Gehenlassen, uns stürzte, war die süße Selbstzufriedenheit mit uns, und unserer Weise dazusein. Es war bisher gegangen, und ging eben so fort; wer uns zum Nachdenken aufforderte, dem zeigten wir, statt einer andern Widerlegung, triumphierend unser Dasein und Fortbestehen, das sich ohne alles unser Nachdenken ergab. Es ging aber nur darum, weil wir nicht auf die Probe gestellt wurden. Wir sind seitdem durch sie hindurchgegangen. Seit dieser Zeit sollten doch wohl die Täuschungen, die Blendwerke, der falsche Trost, durch die wir alle uns gegenseitig verwirrten, zusammengestürzt sein? – Die angebornen Vorurteile, welche, ohne von hier oder da auszugehen, wie ein natürlicher Nebel über alle sich verbreiteten, und alle in dieselbe Dämmerung einhüllen, sollten doch wohl nun verschwunden sein? Jene Dämmerung hält nicht mehr unsre Augen; sie kann uns aber auch nicht ferner zur Entschuldigung dienen. Jetzt stehen wir da, rein. leer, ausgezogen von allen fremden Hüllen und Umhängen, bloß als das, war wir selbst sind. Jetzt muß es sich zeigen, was dieses Selbst ist, oder nicht ist.

Es dürfte jemand unter euch hervortreten, und mich fragen: was gibt gerade Dir, dem einzigen unter allen deutschen Männern und Schriftstellern, den besondern Auftrag, Beruf, und das Vorrecht, uns zu versammeln und auf uns einzudringen? hätte nicht jeder unter den Tausenden der Schriftsteller Deutschlands, ebendasselbe Recht dazu, wie du; von denen keiner es tut, sondern du allein dich hervordrängst? Ich antworte, daß allerdings jeder dasselbe Recht gehabt hätte, wie ich, und daß ich gerade darum es tue, weil keiner unter ihnen es vor mir getan hat; und daß ich schweigen würde, wenn ein anderer es früher getan hätte. Dies war der erste Schritt zu dem Ziele einer durchgreifenden Verbesserung; irgendeiner mußte ihn tun. Ich war der, der es zuerst lebendig einsah; darum wurde ich der, der es zuerst tat.

Es wird nach diesem irgendein anderer Schritt der zweite sein; diesen zu tun haben jetzt alle dasselbe Recht; wirklich tun aber wird ihn abermals nur ein einzelner. Einer muß immer der erste sein, und wer es sein kann, der sei es eben! ...

Kreuz umrahmte, flog ein preußischer Adler auf. Um diese Hinzufügungen sollte es 150 Jahre später politischen Ärger zwischen West- und Ost-Berlin geben. Der staunenden Öffentlichkeit wurden die Ergänzungen erstmals im August 1814 präsentiert, als der König durch das Brandenburger Tor endlich nach Berlin zurückkam und dabei »wie von Geisterhand« die Verhüllungen von der restaurierten und veränderten Quadriga fielen. Das Brandenburger Tor, 1789 bis 1791 als »Friedenstor« gebaut, war ein Sieges- und Triumphtor geworden. Es sollte nach seiner Erbauung zweihundert Jahre dauern, bevor es ein Symbol des Friedens und der Verständigung wurde.

Mit der militärischen Genugtuung erlahmte allerdings der Reformeifer des preußischen Königs genauso rasch, wie er entstanden war. Die Reformen hatten ihren Zweck erreicht, weitere schienen Majestät nicht vonnöten. Die Freiheitskriege, in denen Napoleon geschlagen worden war, sollten fortan »Befreiungskriege« heißen. Preußen und seine Hauptstadt erlebten eine Phase verschärfter Unterdrückung der Opposition, die mit spießbürgerlicher Ruhe und Selbstzufriedenheit derer einherging, die wirtschaftlich zumindest nicht schlecht dastanden. Die Zeit des Biedermeier begann. Gottlieb Biedermeier war der fiktive Autor von parodistischen Gedichten, die von den Verfassern Eichrodt und Kußmaul in den »Fliegenden Blättern« veröffentlicht wurden. Entsprechend war auch die Bezeichnung der Epoche als »Biedermeier«-Periode, die rückwirkend auf sie angewandt wurde, ursprünglich ironisch gemeint.

Gelegentlich wurde die Situation skurril. So kam es 1835 in Berlin zur »Feuerwerksrevolution«. Die Behörden verboten der Bevölkerung aufgrund früherer Erfahrungen, aus Anlaß des 65. Geburtstags von König Friedrich Wilhelm III. Feuerwerkskörper abzubrennen. Der Zorn gegen Unterdrückung und politische Stagnation entlud sich nun an dieser Frage. Als vor dem Brandenburger Tor die ersten Knallkörper explodierten, griff die Polizei hart durch. Aus diesem Vorfall entwickelten sich dreitägige Unruhen, die als Bilanz drei Tote, 24 Schwerverletzte und 152 Verhaftete auf seiten der Demonstranten aufwies, während die Polizei 72 blessierte Gendarmen zu vermelden hatte.

Vorerst wurde die Lage nur in literarischen Salons diskutiert, unter denen die der Rahel Varnhagen, der Henriette Herz und der Bettina von Arnim die berühmtesten waren. Diese Zusammenkünfte leisteten einen Beitrag zur Entwicklung der Kultur in Berlin, die auch in den Jahren der Unterdrückung blühte. Während im baulichen Bereich Architekten und Bildhauer wie Karl Friedrich Schinkel, Gottfried Schadow und Christian Daniel Rauch von sich reden machten, wurde das musikalische Leben von Albert Lortzing, Felix Mendelssohn-Bartholdy, Karl Friedrich Zelter und Giacomo Meyerbeer bestimmt. 1821 wurde Carl Maria von Webers Oper »Der Freischütz« in Berlin uraufgeführt und von den Zuhörern begeistert aufgenommen.

Im Gegensatz zur politischen Friedhofsstille stand die Entwicklung der Wirtschaft und damit auch der Bevölkerung. Berlins Einwohnerzahl stieg in der ersten Hälfte des 19. Jahrhunderts von 200000 auf über 400000 an. Damit war Berlin die viertgrößte Stadt Europas hinter London, Paris und St. Petersburg. Die einsetzende und schnell fortschreitende industrielle Revolution hatte die Menschen angezogen. Nachdem bereits 1810 die Gewerbefreiheit eingeführt worden war, fielen 1818 auch die Handelsschranken innerhalb Preußens. Eine international konkurrenzfähige

Industrie entstand, die Schwerpunkte lagen auf dem Maschinenbau, der Metallverarbeitung und der Textilherstellung. Mit der neuen ökonomischen Dynamik verschärften sich allerdings auch die sozialen Spannungen, und dies keineswegs nur in der Stadt Berlin.

Die soziale Lage war für viele Menschen unerträglich. Der ständige Zustrom von Arbeitskräften nach Berlin schuf eine Konkurrenzsituation, in der die Unternehmer Lohn und Arbeitsbedingungen ganz nach ihrem Belieben bestimmen konnten. Die Arbeitstage waren lang (12 bis 17 Stunden täglich), die Löhne minimal, eine Absicherung bei Krankheit oder Invalidität gab es genauso wenig wie eine Alterssicherung. Als 1847 eine Mißernte die Preise zusätzlich in die Höhe trieb, entlud sich der Leidensdruck der Bevölkerung in der »Kartoffelrevolution«, während der es zu Unruhen und Plünderungen kam. Erst nach Tagen konnte das Militär die Ordnung wieder herstellen. Die vorhandenen Gefängnisse reichten für die über dreihundert Verhafteten nicht aus, so daß das Militärarrestlokal in der Lindenstraße mitbelegt werden mußte.

Seit 1840 regierte Friedrich Wilhelm IV. (der »Dicke Wilhelm«), der später wegen einer Geisteskrankheit das Regiment an seinen Bruder Wilhelm abgeben mußte. Der König, auf dem anfänglich viele Hoffnungen auf Veränderung geruht hatten, machte vor dem Vereinigten Landtag deutlich, daß er nicht daran denke, politischen Forderungen nach einer demokratischen Verfassung nachzugeben. Aber der Ruf nach Veränderungen wurde überall in Europa immer lauter. In Deutschland verband sich damit das Verlangen nach nationaler Einheit, die als Überwindung der herrschenden Kleinstaaterei und engstirniger provinzieller Unterdrückung ersehnt wurde.

Als im Februar 1848 die Revolution in Frankreich erfolgreich war und dort der König abgesetzt und die Republik ausgerufen wurde, war dies auch ein Signal an die aufbegeh-

An meine lieben Berliner!

... Eine Rotte von Bösewichtern, meist aus Fremden bestehend, die sich seit einer Woche, obgleich aufgesucht, doch zu verbergen gewußt hatten, haben die erhitzten Gemüter von vielen meiner treuen und lieben Berliner mit Rache-Gedanken um vermeintlich vergossenes Blut erfüllt und sind so die greulichen Urheber von Blutvergießen geworden. Meine Truppen, Eure Brüder und Landsleute, haben erst dann von der Waffe Gebrauch gemacht, als sie durch viele Schüsse aus der Königstraße dazu gezwungen wurden. Das siegreiche Vordringen der Truppen war die notwendige Folge davon.
An Euch, Einwohner meiner geliebten Vaterstadt, ist es jetzt, größerem Unheil vorzubeugen. Erkennt, Euer König und treuster Freund beschwört Euch darum, bei Allem, was Euch heilig ist, den unseligen Irrtum! Kehrt zum Frieden zurück, räumt die Barrikaden, die noch stehen, hinweg und entsendet an mich Männer, voll des echten alten Berliner Geistes mit Worten, wie sie sich Eurem König gegenüber geziemen, und ich gebe Euch mein königliches Wort, daß alle Straßen und Plätze sogleich von den Truppen geräumt werden sollen und die militärische Besetzung nur auf die notwendigen Gebäude, des Schlosses, des Zeughauses und weniger anderer, und auch da nur auf kurze Zeit beschränkt werden wird ...

König Friedrich Wilhelm IV. in einem Aufruf vom 18./19. März 1848.

renden Kräfte in Preußen. Ein Zentrum der demokratischen Bewegung in Deutschland war Berlin. Bald gingen die Proteste über erregte Kaffeehausdiskussionen hinaus und äußerten sich in regelrechten Kundgebungen. Dies um so mehr, als mittlerweile auch in Wien die Revolution gesiegt und den Staatskanzler Metternich in den Ruhestand geschickt hatte. Als die preußische Kavallerie im März des Revolutionsjahres eine Demonstration gewaltsam auflöste, schlugen die Auseinandersetzungen in offene Gewalt um. 270 bis 300 Menschen ließen in den folgenden Tagen ihr

Leben. Anfangs war die Revolution siegreich, und der König versuchte, sich an die neue Situation anzupassen. Nicht nur ehrte er die Toten der Kämpfe, die sogenannten Märzgefallenen, er erklärte auch: »Preußen geht fortan in Deutschland auf!« Auf dem Schloß wehte die schwarz-rot-goldene Flagge der bürgerlichen Revolution. Der für die gewaltsame Eskalation verantwortliche Prinz Wilhelm (»Kartätschenprinz«), der später als der erste Kaiser des Deutschen Reiches in die Geschichte eingehen sollte, mußte Berlin vorübergehend verlassen.

Aber die Revolution blieb Episode, in Berlin genauso wie in Paris, Wien oder Budapest. Es ging ihr wie vielen Revolutionen vor ihr und nach ihr. In ihrem Erfolg war ihr Scheitern schon angelegt. Die demokratische Bewegung stand zusammen, solange sie sich gegen die Obrigkeit richtete. Als ihr aber der Sieg sicher schien, zerstritt sie sich über die Konzepte zur Weiterführung des politischen Prozesses und schwächte sich dadurch selbst. Dies gab der Reaktion

An mein Volk und an die deutsche Nation!

Gleichzeitig mit den Maßregeln zur Abwendung der augenblicklichen Gefahr wird die deutsche Stände-Versammlung über die Wiedergeburt und Gründung eines neuen Deutschland beraten, eines einigen, nicht einförmigen Deutschlands, einer Einheit in der Verschiedenheit, einer Einheit mit Freiheit.

Allgemeine Einführungen wahrer konstitutioneller Verfassungen mit Verantwortlichkeit der Minister in allen Einzelstaaten, öffentliche und mündliche Rechtspflege, in Strafsachen auf Geschworenengerichte gestützt, gleiche politische und bürgerliche Rechte für alle religiösen Glaubensbekenntnisse und eine wahrhaft volkstümliche, freisinnige Verwaltung werden allein solche sichere und innere Einheit bewirken und zu befestigen imstande sein.

Proklamation des Königs Friedrich Wilhelm IV. vom 21. März 1848.

Gelegenheit, das Blatt zu wenden. Nachdem Wien, die andere Hochburg der März-Revolution, militärisch besetzt war, sah auch der preußische König seine Chance gekommen. Sein Militär besetzte die Stadt, verhängte den Belagerungszustand und entwaffnete die Bürger. Hatte Friedrich Wilhelm IV. kurz zuvor noch um Sympathie bei seinen »lieben Berlinern« gebuhlt, war die Stadt für ihn jetzt eine »Eiterbeule«. Im Dezember 1848 oktroyierte der König der Bevölkerung eine Verfassung, die natürlich keineswegs dem entsprach, wofür die Menschen auf die Straße gegangen waren. Und Preußen ging auch nicht in Deutschland auf – »Deutschland, einig Vaterland« war in weiter Ferne. Die Errungenschaft des allgemeinen und gleichen Wahlrechts (indes nur für Männer), nach dem 1848 die Wahlen zur Preußischen und zur Deutschen Nationalversammlung durchgeführt worden waren, wurde zugunsten des Dreiklassenwahlrechts wieder aufgehoben. Dieses Dreiklassenwahlrecht unterteilte die Gesamtheit der Steuerzahler in jeder Gemeinde in drei Abteilungen; auf jede Abteilung entfiel ein Drittel der Steuereinnahmen, und von dieser wurde jeweils ein Drittel der Abgeordneten gewählt. So wurde der Einfluß der Vermögenden, die natürlich mehr Steuern zahlten, weit überproportional zur Geltung gebracht. Bis zum Sturz der Hohenzollern 1918 wurde dieses Dreiklassenwahlrecht beibehalten.

Dem König war klar, daß er, um seine Herrschaft zu sichern, den Unruheherd Berlin domestizieren mußte. »Was not tut, ist die Zähmung Berlins«, schrieb er an seinen Ministerpräsidenten. So wurde 1850 eine Gemeindeordnung erlassen, die nicht nur das Dreiklassenwahlrecht auch für die Kommunalwahlen einführte, sondern darüber hinaus ein Jahreseinkommen von 300 Talern zur Voraussetzung machte, um überhaupt wählen zu dürfen. Die Zahl der Wahlberechtigten sank daraufhin auf 5 Prozent der Einwohnerschaft. Die Hälfte der (auf sechs Jahre) gewählten Stadtverordneten mußten überdies Hausbesitzer sein. Und sogar diese Städteordnung wurde drei Jahre später noch einmal revidiert und verschärft. Von nun an war die wichtigste Person in der Stadt nicht mehr der Oberbürgermeister, sondern der Polizeipräsident. Der seit 1848 diese Funktion in Berlin bekleidende Carl Ludwig Friedrich von Hinckeldey nutzte seine Vollmachten zur unerbittlichen Repression aller oppositionellen Strömungen. Allerdings leistete er in den acht Jahren auch einen wesentlichen Beitrag zur Schaffung einer modernen städtischen Infrastruktur, vor allem durch die Gründung einer Berufsfeuerwehr, die Organisation der (anfänglich zur Feuerwehr gehörenden) Stadtreinigung, die Einrichtung von Bade- und Waschanlagen sowie den Bau von Wasserleitungen und eines Wasserwerks. Zu seinen Polizeiaufgaben gehörte auch die Überwachung des 1852 erlassenen Duellierungsverbots. Gegen dieses verstieß er allerdings selbst, als er 1856 meinte, eine Beleidigung nur durch ein Duell aus der Welt schaffen zu können. Zur Rechenschaft gezogen werden konnte Hinckeldey wegen dieses Verstoßes allerdings nicht, da er den Zweikampf nicht überlebte.

1857 wurde Prinz Wilhelm Stellvertreter des Königs, 1858 Regent, bevor er nach dem Tod seines Bruders 1861 König von Preußen wurde. Besonders im kritischen und intellektuellen Berlin erhoffte man sich von diesem Regentschaftswechsel (wieder einmal) eine »neue Ära«. Anfangs nährte der König diese Erwartungen, indem er beispielsweise liberale Minister in sein Kabinett aufnahm. Auch ins Berliner Stadtparlament kehrte liberaler Geist zurück, die Stadt entwickelte zunehmend Selbstbewußtsein gegenüber dem obersten Schloßbewohner. Seinen baulichen Ausdruck fand dieses auch im nahe der Residenz gelegenen Berliner Rathaus, das 1861 bis 1869 errichtet wurde und seit seiner Entstehung wegen der Klinker, aus denen es besteht, das Rote Rathaus genannt wird. Spätestens aber, als Wilhelm I. den reaktionären Otto von Bismarck 1862 zum preußischen

Ministerpräsidenten machte, war klar, daß die »neue Zeit« zumindest nicht auf Veranlassung Seiner Majestät hereinbrechen würde.

Durch die Kriege 1864 gegen Dänemark (um Schleswig-Holstein) und 1866 gegen Österreich um die Vorherrschaft im Deutschen Bund nahm die Popularität Bismarcks zu – in Preußen, nicht jedoch in Berlin, wo er bei der Wahl zum Norddeutschen Reichstag sang- und klanglos durchfiel. Der Norddeutsche Reichstag war das Parlament des Norddeutschen Bundes. Dieser, in gewisser Weise der Vorläufer des Deutschen Reiches, war von Bismarck 1866 an die Stelle des Deutschen Bundes gesetzt worden. Preußen war in ihm eindeutig die dominierende Macht. So ist es auch nicht erstaunlich, daß Berlin die Hauptstadt dieses Norddeutschen Bundes und demzufolge Sitz seiner Regierungsorgane war.

Geschaffen wurde der Nationalstaat nicht durch die demokratische Nationalbewegung, sondern »mit Blut und Eisen« vom preußischen Ministerpräsidenten Otto von Bismarck. Die Forderungen nach einem einheitlichen Deutschland kamen von links, geschaffen wurde es von rechts. Dabei war völlig klar, daß Preußen keineswegs bereit war, seine Vorherrschaft in Frage stellen zu lassen. Deshalb mußte der Konkurrent Österreich vor der Reichsgründung durch einen Krieg ausgeschaltet werden. Frankreich war eigentlich nicht gewillt, einen starken Nachbarn im Osten zu dulden; nach dem gegen Preußen verlorenen Krieg 1870/71 hatte es allerdings keine Wahl mehr.

Gegründet wurde das Deutsche Reich in Versailles bei Paris, also außerhalb des Reichsgebietes. Dies war als Machtdemonstration und Provokation gedacht – und wurde in Frankreich auch so verstanden. Der preußische König wurde Deutscher Kaiser (Wilhelm I.), der preußische Ministerpräsident Kanzler des Deutschen Reiches (Otto von Bismarck) und die preußische Hauptstadt deutsche Hauptstadt (Berlin).

Die neue bzw. erweiterte Hauptstadtfunktion traf auf eine Stadt, die sich in einer rasanten Wirtschaftsexpansion befand. Die Industrialisierung machte schnelle Fortschritte, Fabriken, Banken, Aktiengesellschaften schossen aus dem Boden, die Verkehrsinfrastruktur wurde wesentlich verbessert. Und Berlin platzte aus allen Nähten. Von der Regierungsübernahme Friedrich Wilhelms IV. 1857 bis zur Gründung des Deutschen Reiches 1871 war die Bevölkerungszahl von 450000 auf 800000 gestiegen.

1861 wurde die Stadt erweitert. Wedding, Moabit, Gesundbrunnen sowie die Schöneberger und die Tempelhofer Vorstadt wurden nach Berlin eingemeindet, das damit rund 59 Quadratkilometer umfaßte (immer noch weniger als 7 Prozent seiner heutigen Fläche).

Dieses Wachstum stellte auch Anforderungen an die städtische Infrastruktur. Bereits Mitte der 60er Jahre wurde die Pferdebahn, Vorläuferin der Straßenbahn, zum Massenverkehrsmittel, 1873 wurde die Anlage einer Kanalisation beschlossen. 1896 begann der Bau der Berliner U-Bahn, die heute noch ein zentrales Element des öffentlichen Nahverkehrs in der Stadt ist. Ab 1871 fuhr die S-Bahn durch die Stadt, deren Netz immer weiter ausgebaut wurde. Die Entwicklung der öffentlichen Verkehrsmittel ermöglichte auch der Industrie eine Randwanderung, ohne von ihren Arbeitskräften abgeschnitten zu werden. Rund um Berlin bildeten sich neue Industriezentren, unter ihnen die Siemensstadt, ein Stadtteil, der bis in den Namen hinein von einem Großkonzern gestaltet wurde – und wird.

Die Industrialisierung hatte natürlich auch soziale Folgen. Hunderttausende zogen nach Berlin, um dort ihr Glück zu versuchen oder doch zumindest ihr Überleben zu sichern. Die Stadt, hungrig nach Arbeitskräften, sog sie begierig auf. Um den starken Zustrom an Menschen zu bewältigen, hatte der Baurat James Hobrecht bereits 1862 einen Bebauungsplan vorgelegt. Sich am Leitbild Paris orientierend, hatte er geschlossene Platz- und Häuserwände vorgesehen, was zu der typischen Blockbebauung mit den berühmten Berliner Hinterhöfen führte. Das tatsächliche Baugeschehen folgte allerdings nicht Hobrechts Plan, sondern hatte die Maximierung des Profits zum Ziel. Der Spekulation war zu dieser Zeit in Berlin Tür und Tor geöffnet. Rund um die eigentliche Stadt Berlin wurde ein Ring von Mietwohnhäusern gelegt, die heute noch Stadtbezirke wie Kreuzberg, Prenzlauer Berg, Friedrichshain und Wedding prägen. In den Häusern dieses »Wilhelminischen Rings« gab es eine klare Hierarchie. Vorne – und vor allem im ersten Stock, der Beletage – wohnten die kleinen Selbständigen, die oftmals ihre Werkstätten im Hinterhof hatten, die Offiziere und die Angestellten. Im Seitenflügel und im Hinterhaus wohnten die Arbeiter. Diejenigen, die sich auch eine solche Wohnung nicht leisten konnten, suchten sich etwas zur Untermiete oder einen Schlafplatz, d. h. sie belegten ein Bett in der Zeit, in der der Wohnungsinhaber nicht da war. Die Baupolizei schrieb eine Mindestgröße für die Hinterhöfe vor, die sich daran orientierte, daß eine Feuerspritze sich darin drehen lassen konnte – das waren gut 28 Quadratmeter. Belichtung und ausreichende Belüftung hingegen waren keine Kriterien der Bauordnung zu dieser Zeit. Schnell bildete sich für diese Wohnblöcke die Bezeichnung »Mietskaserne«, die schon einen Hinweis darauf gibt, wie sich die Bewohner in ihnen gefühlt haben. Es gehört ja zu den gängigen Stereotypen der Beschreibung Berlins, die Stadt als die »größte Mietskasernenstadt der Welt« zu bezeichnen. Auch in anderen prosperierenden und schnell wachsenden Metropolen waren die sozial schwachen Mieter nicht auf Rosen gebettet. So drückt diese Bezeichnung neben der Wohnsituation um die Jahrhundertwende auch das Bestreben der Berliner aus, in allem, und sei's im Negativen, die Größten zu sein und das Größte zu haben.

Reichshauptstadt Berlin

Am Tag der Reichsgründung, dem 18. Januar 1871, wurde für Berlin ein neues Kapitel seiner Geschichte aufgeschlagen. Wieder einmal war die Stadt an einer Zeitenwende, »damals« und »heute« hatten ein neues Bezugsdatum. Berlin stand eine neue Blütezeit bevor.

Dem Boom im Zusammenhang mit der Reichsgründung und der damit einhergehenden Funktionserweiterung für Berlin folgte allerdings die Krise auf dem Fuß. Zahlreiche Unternehmen, ohne solide Grundlage gegründet und im wahrsten Sinne des Wortes auf Erfolg spekulierend, brachen zusammen. Vom »Gründerkrach« im Oktober 1873 zog sich die Krise bis ins Jahr 1879 hin. Die Hauptopfer waren auch damals die »kleinen Leute«, weite Teile der Bevölkerung verarmten und verelendeten. Kein Wunder, daß die Sozialdemokratische Partei regen Zulauf erhielt und Wahlergebnisse erzielte, von denen die heutige SPD nur träumen kann. Nur das Dreiklassenwahlrecht in Preußen und Berlin verhinderte, daß die SPD hier zur bestimmenden politischen Kraft wurde. Zwar versuchte Bismarck durch das »Sozialistengesetz«, das von 1878 bis 1890 galt, der Sozialdemokratie das Rückgrat zu brechen, aber auch in der Zeit des Verbots der SPD durch den »Eisernen Kanzler« nahmen die Stimmen für die sozialdemokratischen Kandidaten weiter zu. (Wegen des Persönlichkeitswahlrechts war es möglich, daß Sozialdemokraten trotz der Illegalität ihrer Partei kandidieren konnten.) Als Wilhelm Liebknecht, einer der Gründer der SPD und Kampfgefährte von August Bebel, im August 1900 starb, erlebte die Stadt eine Beerdigung wie nie zuvor. Hunderttausende säumten die Straßen und begleiteten den Herausgeber des ›Vorwärts‹ auf seinem letzten Weg.

Chicago an der Spree – Berlin in der Gründerzeit

Der spätere Gründer der AEG, Emil Rathenau, erfand für die dynamische Hauptstadt des Kaiserreiches einen Titel, den die Berliner damals als Beleidigung auffaßten: Chicago an der Spree. Wie in der amerikanischen Schlachthofmetropole am Michigansee drehte sich auch im Berlin der frühen siebziger Jahre des vergangenen Jahrhunderts einfach alles um den Profit.
Die Reichen bauten sich im Westen der Stadt ihre Villen, die Armen vegetierten in trostlosen Mietskasernen dahin. Jahrzehnte später klagte der deutsche Historiker Friedrich Meinecke über das Berlin der Gründerjahre: »Hier steht ein assyrischer Tempel neben einem Nürnberger Patrizierhaus, ein bißchen weiter schimmert Versailles auf, dann muß man an den Broadway, an Italien oder Ägypten denken – grauenhafte Mißgeburten einer technisierten Bierphantasie.« …
In jenen Tagen entstand aber auch eine Form des Bauens, die wir heute schon wieder eher liebevoll denn abschätzig als Gründerzeitarchitektur bezeichnen: überdachte Einkaufspassagen, mit verschwenderischer Pracht ausgestattete Kaufhäuser, Glaspaläste aus Stahlrippenkonstruktionen und pompöse Denkmäler. Alles mußte groß, wuchtig oder, um ein Modewort der Zeit zu gebrauchen, »kolossal« wirken. In Berlin entstanden so typische Gebäude wie der Potsdamer Bahnhof, das Palais Royal und die Kaisergalerie, eine glasüberdachte Passage zwischen der Behren- und Friedrichstraße.
Nirgendwo zeigte sich die Vitalität, aber auch die Geschmacklosigkeit und Brutalität der Gründerperiode deutlicher als im Geschäft mit Häusern und Wohnungen.
»… Die Preise erreichten eine fabelhafte Höhe, standen bald in keinem Verhältnis mehr zu dem Mietserträgnis und zu dem eigentlichen Werte der Baulichkeiten; jeder Maßstab ging verloren, ganz willkürliche Schätzungen gewannen die Oberhand, es blühte der Schacher«, berichtete die ›Gartenlaube‹.

Das Blatt schilderte den Fall eines Hausbesitzers, der sein Anwesen für 120000 Taler zu verkaufen gedachte. Es meldeten sich jedoch so viele Interessenten, die sich gegenseitig überboten, daß er schließlich 250000 Taler dafür erlöste. 14 Tage später aber hörte er, daß sein ehemaliges Haus von einer Bank für 400000 Taler erstanden worden war. Aus Wut und Verzweiflung hängte er sich kurz danach auf.

Günter Ogger, Die Gründerjahre, München 1995.

Objektiv betrachtet, hat der Gründerkrach im wesentlichen die spekulative Überhitzung, die der Reichsgründung folgte und die durch fünf Milliarden Goldfrancs französischer Reparationen zusätzlich angefacht worden war, ausgependelt. Deshalb darf dieser teilweise Zusammenbruch nicht darüber hinwegtäuschen, daß die Berliner Industrie stetig wuchs. Vor allem die Elektroindustrie gewann große Bedeutung. Siemens und Halske, die vor Jahrzehnten in einer Werkstatt nahe dem Anhalter Bahnhof klein angefangen hatten, läuteten Ende der siebziger Jahre die Elektrifizierung der Stadt ein. 1881 wurde das erste Berliner Fernsprechamt eröffnet, zwei Jahre später gründete Emil Rathenau die »Deutsche Edison-Gesellschaft für angewandte Elektrizität«, aus der später die AEG wurde, und brachte die von Edison erfundene Glühbirne nach Deutschland. Berlin wurde Elektropolis. Auch in anderen Branchen, vor allem in der Bekleidungsindustrie und im Handel, wurden Namen bedeutsam, die das Bild der Stadt bis heute prägen: Bolle und Butter-Beck (Meiereiprodukte), Leineweber und Peek & Cloppenburg (Kleidung), Salamander und Leiser (Schuhe), Wertheim und KaDeWe (Warenhäuser), Kempinski und Adlon (Hotels).

Die Verkehrsinfrastruktur wurde zügig ausgebaut. S-, Industrie- und Privatbahnen, Omnibusse (zunehmend motorisiert und nicht mehr von Pferden gezogen) und seit 1902 auch die U-Bahn bewältigten den Verkehr in der und in die

Hauptstadt. 1892 wurde das erste private Auto zugelassen, 1913 begann dann der Bau der AVUS (Automobil-Verkehrs- und Übungsstrecke), die nicht nur die erste deutsche Autobahn war, sondern überhaupt die erste kreuzungsfreie Nur-Auto-Straße der Welt mit zwei getrennten Richtungsfahrbahnen. Sie wurde 1921 eröffnet und diente von Anfang an auch als Rennstrecke.

Der Bedeutungszuwachs Berlins ging allerdings nicht mit einer Vergrößerung der städtischen Selbstbestimmung einher. Zwar wurde die Stadt 1881 aus dem Regierungsbezirk Potsdam ausgegliedert, aber der brandenburgische Oberpräsident, der seinen Sitz in Berlin hatte, besaß nach wie vor weitreichende Kompetenzen. Viele Projekte benötigten die königliche Genehmigung, Verkehrsbauten beispielsweise, Denkmäler und selbst die Vergabe von Straßennamen.

Nicht auf Einfluß verzichten wollte »Wilhelm, von Gottes Gnaden Deutscher Kaiser, König von Preußen« auch beim Bau des Reichstagsgebäudes. Das deutsche Parlament verfügte nach der Reichsgründung über keine eigene Tagungsstätte. Deren Bau wurde nach langem Hin und Her schließlich 1884 auf dem Königsplatz, unweit des Brandenburger Tors und außerhalb der eigentlichen Stadt, begonnen. Der Kaiser hatte große Sorge, daß der Platz dadurch in seiner Bedeutung geschmälert werden könnte, denn dieser sei schließlich »Erinnerung der Groß-Thaten der Jahre 1864, 1870/71«. Die Prioritäten waren somit klargestellt. Auch der Enkel und Nach-Nachfolger des Kaisers, Wilhelm II., war von dem zunehmenden Einfluß des Parlaments nicht entzückt. Nachdem er das Gebäude offiziell eröffnet hatte, schrieb er einem Freund: »Die Einweihung des Reichsaffenhauses ging sehr feierlich und glänzend ohne einen Mißton von Statten.« Die Mißachtung galt dem Parlament, er übertrug sie jedoch auch auf das Gebäude, das er schon anderthalb Jahre vor Fertigstellung als »Gipfel der Geschmacklosigkeit« bezeichnete. Die Reaktion des so ge-

Hauptsache war der militärische Vorteil

In diesen Tagen wurde in Berlin eine großartige architektonische Anlage und ein gewaltiges Verkehrsmittel eingeweiht, was Berlins ganzen Charakter verändert und ihm endgültig das Gepräge einer Weltstadt verleiht. Paris besitzt so etwas nicht, und so außergewöhnlich Londons Underground-Railway auch wirkt, wenn man zu ihr hinabgestiegen: Was die auffallenden Besonderheiten städtischer Physiognomie angeht, kann sie sich – unsichtbar – mit diesem kolossalen Werk nicht messen ...

Mit der Stadtbahn werden zwei Absichten verfolgt: Zum einen soll zwischen den in östlicher und westlicher Richtung verlaufenden internationalen Bahnlinien eine direkte Verbindung geschaffen werden, zum anderen soll sie dem öffentlichen Verkehr dienen. Aber es ist überdeutlich und symptomatisch für die preußische Militärmonarchie: Würde die Regierung durch die Gleisanlagen im Falle einer Truppenmobilisierung nicht volle sechs Stunden einsparen, könnten die guten Berliner noch so manches Jahrzehnt auf ihre Stadtbahn warten. Wegen ihrer schönen Augen haben sie sie jedenfalls nicht bekommen, um ihrer Bequemlichkeit frönen oder Droschkengeld sparen zu können ebensowenig. Der Nutzen für den Bürger kam – echt preußisch – erst an zweiter Stelle, Hauptsache war der militärische Vorteil.

Mittlerweile sind beide Absichten durch zwei Bahnen mit je zwei Paar Schienen erreicht, von denen das nördliche Paar dem innerstädtischen, das südliche dem Fernverkehr dient.

Georg Brandes, Atemzüge einer Weltstadt, Kopenhagen 1885.

prügelten Reichstags-Architekten Paul Wallot sollte prophetisch sein. »Der Kaiser«, schrieb er in einem Brief, »ist ein gewöhnlicher niederträchtiger Hund, für den auf anderem Gebiet Deutschland die Zeche wird zahlen müssen. Denn es ist wohl anzunehmen, daß der Kaiser auf anderem

Feld, sagen wir dem militärischen, genauso verfährt, wie hier auf dem Kunst-gebiet.«

Die Eröffnungsfeier für das Reichstagsgebäude zeigte die Umbruchsituation, in der sich Deutschland und Berlin befanden, augenfällig. Die Ehrengäste schmückten sich, soweit es eben ging, mit Uniformen. Selbst der Reichstagspräsident von Levetzow erschien als Major der Landjäger. Aber dieses Auftreten rief schon öffentliche Kritik und beißenden Spott hervor. In der Presse hieß es, die Eröffnung zeige, daß man nicht nur ein »Volk in Waffen« sei, sondern auch »eine Volksvertretung in Waffen« habe.

Berlin wurde immer mehr zu einer »Metropole der Opposition«, wie es ein Historiker beschrieb. Kurz vor der Jahrhundertwende entstand die »Berliner Secession«. Die bildenden Künstler, die sich in ihr zusammenschlossen, hatten nicht einen bestimmten Stil gemeinsam, sondern ihre Opposition gegen die herrschende konservative Kunstpolitik und deren Ergebnisse. Auch im Theater brachen sich neue Entwicklungen Bahn. Vor allem die Stücke Gerhart Hauptmanns erregten Aufsehen. Der Kaiser sprach von »Rinnsteinliteratur« und kündigte sein Abonnement im Deutschen Theater – verhindern konnte er die »Kulturrevolution« gegen seinen Konservatismus und Kunstgeschmack allerdings nicht.

Die Friedrich-Wilhelms-Universität Unter den Linden nahm mittlerweile weltweit eine Spitzenstellung ein; seit 1866 bestand zusätzlich die Technische Hochschule, heute Technische Universität, die als erste Einrichtung ihrer Art das Promotionsrecht erhielt. 1911 wurde die Kaiser-Wilhelm-Gesellschaft gegründet, die die Dachorganisation einer Reihe von Forschungsinstituten war. Hier sollte die Kooperation von Wissenschaft, Wirtschaft und Staat organisiert werden, um ein »deutsches Oxford« entstehen zu lassen. Seit 1948 trägt die Gesellschaft den Namen des Berliner Nobelpreisträgers Max Planck.

Gegen den intellektuellen Aufbruch Berlins nahmen sich die Versuche des Hofes, der Stadt architektonisch den Stempel der preußischen Herrscher aufzudrücken, hilflos und lächerlich aus. Als Wilhelm II. 1901 den »lieben Berlinern« die westlich des Brandenburger Tors angelegte Siegesallee zum Geschenk machte, die in 16 Standbildern brandenburgisch-preußische Herrscher zeigte, sprach der Volksmund respektlos von der »Puppenallee«. Immerhin wurde dadurch der deutsche Sprachschatz um den Ausdruck »bis in die Puppen« als Synonym für eine sich lange hinziehende Angelegenheit bereichert. Typisch für den Verfall der Autorität der Obrigkeit ist auch, daß eines der Standbilder den Sozialkritiker Heinrich Zille zeigte. Der Bildhauer August Kraus hatte Mühe festzustellen, wie der von ihm zu gestaltende Ritter Wedigo von Plotho, der im 14. Jahrhundert gelebt hatte, aussah, und nahm kurzerhand seinen Freund Zille als Modell.

Als Wilhelm II. für seinen Vater, den 99-Tage-Kaiser Friedrich, 1903 ein Denkmal errichten ließ, urteilte ein Zeitgenosse: »Daß nach der Siegesallee und dem Wagnerdenkmal eine Steigerung im schlechten Geschmack eintreten könnte, hätte man nicht für möglich gehalten; es ist aber erreicht.« Die Zeit, in der der königliche Hof den Trend bestimmte, war vorbei. Kaiser- und Königtum verloren an Prägekraft und Einfluß, lange bevor sie 1918 endgültig abgeschafft wurden.

Bei Hofe war man für diese Entwicklung unsensibel. Im Gegenteil: Der junge Kaiser Wilhelm II., der mit 28 Jahren das Zepter ergriff, träumte von der Weltmacht Deutschland unter seiner Führung und forderte von den anderen europäischen Staaten einen »Platz an der Sonne«. 1890, zwei Jahre nach seiner Regierungsübernahme, entließ er den vorsichtigen Bismarck, der in seinen Augen ein alter Zauderer war. Durch sein persönliches Regiment wollte Wilhelm II., der auch der letzte sein sollte, Deutschland »mit Volldampf voraus« führen. Tatsächlich führte er das Land mit Volldampf in den Ersten Weltkrieg und sich im Ergebnis dieses Krieges ins holländische Exil.

Gekämpft wurde außerhalb der Grenzen des Deutschen Reiches, aber spürbar war der Krieg auch in Berlin. Anfangs hatten ihn noch viele begrüßt, die dem Kaiser am Tage des Kriegsbeginns vor dem Schloß zujubelten, als dieser verkündete, er kenne fortan keine Parteien mehr, sondern nur noch Deutsche. Bald aber prägte der Krieg, bei dem Deutschland einen »Siegfrieden« erringen wollte, auch das Bild der Hauptstadt. Ab 1915 gab es Brot nur noch auf Karte, alle anderen wichtigen Lebensmittel wurden ebenfalls nach und nach rationiert.

Als klar wurde, daß der Erste Weltkrieg kein »Spaziergang auf dem Boulevard« werden würde, wurden in der Reichsregierung und beim Kaiser Überlegungen angestellt, die Bevölkerung stärker an ihren eigenen Angelegenheiten zu beteiligen und damit auch die Loyalität der Massen zu sichern beziehungsweise erneut zu erwirken. Dies geschah aber vor allem durch symbolische Handlun-gen. Im August 1915 gab der Kaiser seinen jahrzehntelangen Widerstand gegen die Inschrift »DEM DEUTSCHEN VOLKE« am Westportal des Reichstagsgebäudes auf. Bis sie dann tatsächlich dort zu lesen war, dauerte es allerdings weitere 15 Monate, die man benötigte, um sich auf die Schrifttype zu einigen. Die 60 cm hohen, von dem Industriearchitekten Peter Behrens entworfenen Buchstaben waren aus Bronze gegossen, die von 1813 im Krieg gegen Napoleon erbeuteten Geschützen stammte. Dadurch, daß man alle drei Wörter groß schrieb, entging man der Peinlichkeit, entweder das »deutsche« Volk klein schreiben oder gegen die deutsche Grammatik verstoßen zu müssen.

Aber diese Feinheiten berührten die Bürger wenig. 1916/17 durchlebte Berlin den »Kohlrübenwinter«, in dem über 150 000 Menschen mit öffentlichen Suppenküchen am Leben erhalten werden mußten. Anschließend sanken die

Lebensmittelzuteilungen weiter und betrugen pro Person wöchentlich ein Ei, zwanzig Gramm Butter und siebzig bis achtzig Gramm Fleisch. Auch Heizung, Beleuchtung und Kleidung waren zwangsbewirtschaftet.

Kein Wunder, daß der »Burgfrieden«, also das Hintanstellen von innenpolitischen sozialen Gegensätzen, nicht lange hielt. 1916 spaltete sich in Berlin die SPD. Ihr linker Flügel, der weitere Kredite zur Fortsetzung des Krieges ablehnte, organisierte sich als »Unabhängige Sozialdemokratische Partei Deutschlands« (USPD), deren linker Flügel wiederum den »Spartakusbund« bildete.

1917 und 1918 wurde Berlin von einer Streikwelle überzogen. Die Menschen hatten den Krieg und seine Folgen satt und ließen sich auch durch die Einsetzung eines Verfassungsausschusses, die schrittweise Parlamentarisierung des Reiches sowie weitere Versprechungen des Kaisers, wie die der Abschaffung des Dreiklassenwahlrechts, nicht mehr ruhigstellen.

Als der Krieg endgültig verloren war, versuchte der letzte kaiserliche Reichskanzler, Prinz Max von Baden, den in Belgien weilenden Kaiser zum Rücktritt zu bewegen. Wilhelm war dazu auch bereit, allerdings wollte er nur als deutscher Kaiser, nicht als König von Preußen abdanken. Wegen der bestimmenden Rolle, die Preußen für Deutschland hatte, wäre dies allerdings weder für die Kriegsgegner noch für die Deutschen akzeptabel gewesen. Max von Baden schuf jedoch vollendete Tatsachen, indem er erklären ließ: »Seine Majestät der Kaiser und König haben sich entschlossen, dem Throne zu entsagen.« Dies geschah am 9. November des Jahres 1918, einem Datum, das in der deutschen Geschichte noch des öfteren Bedeutung erlangte. »Ein Prinz von Baden stürzt den König von Preußen«, soll Wilhelm ausgerufen haben. Mangels Unterstützung durch das Militär, das die Lage realistischer einschätzte als der Kaiser, fügte er sich aber in sein Schicksal.

Max von Baden hatte mit diesem Schritt allerdings keineswegs beabsichtigt, die Monarchie in Deutschland zu beseitigen. Auch der Sozialdemokrat Friedrich Ebert, den er am Tag darauf kurzerhand zu seinem Nachfolger ernannte, wollte diese Frage erst durch eine Nationalversammlung entscheiden lassen. Aber die Geschichte war schneller. Als die Massen sich vor dem Reichstagsgebäude versammelten, um an aktuelle Informationen zu gelangen, rief der SPD-Politiker Philipp Scheidemann in einer spontanen Rede von einem Fenster des Reichstagsgebäudes die Republik aus. Ebert, berichtete Scheidemann später, sei »vor Zorn dunkelrot im Gesicht« geworden, als er davon erfahren habe. Zu revidieren war diese eher zufällige Proklamation der Republik nicht.

Tatsächlich kam Scheidemann damit Karl Liebknecht zuvor, der einige Stunden später vom Balkon des Stadtschlosses die sozialistische Republik ausrief. Daß es nach dem Zweiten Weltkrieg dann tatsächlich diese beiden deutschen Republiken parallel zueinander und gegeneinander gab und daß das Reichstagsgebäude ein Symbol der westlichen parlamentarischen Demokratie wurde, während der Balkon des Stadtschlosses in das Staatsratsgebäude der DDR eingebaut wurde, um die Traditionslinie zu Liebknecht zu ziehen, konnte zu dieser Zeit niemand ahnen.

Eine solche Teilung des Landes in zwei Staaten, die verschiedenen Konzepten entsprachen, war damals nicht vorstellbar. In den folgenden Monaten wurde in Berlin vielmehr mit Waffengewalt die Auseinandersetzung darüber ausgefochten, welches der beiden Politikmodelle die Oberhand gewinnen sollte.

Berlin war in einer widersprüchlichen Situation. Einerseits war es der Kristallisationspunkt der Unruhen und Auseinandersetzungen, andererseits gab es in der Stadt selbst eine erstaunliche Kontinuität. Die alte, nach dem Dreiklassenwahlrecht bestimmte Stadtverordnetenversammlung trat unbeeindruckt von der politischen Umwälzung am 18. November 1918 wieder zusammen. Der 1912 gewählte Oberbürgermeister Adolf Wermuth blieb bis 1920 im Amt.

Berlin
in der Weimarer Republik

Die Zeit der Weimarer Republik in Berlin wird gerne verklärt zu den »goldenen Zwanzigern«. So eindeutig positiv dürften die Bürger der Hauptstadt die Lage damals jedoch nicht empfunden haben.

Unruhen und Gewalttätigkeiten prägten die unmittelbare Nachkriegszeit. Ende Dezember 1918 war im Gebäude des heutigen Berliner Abgeordnetenhauses die Kommunistische Partei Deutschlands (KPD) gegründet worden. Anfang Januar 1919 versuchte sie gewaltsam, die Macht zu erringen. Es gelang ihr jedoch nicht, das Heft in die Hand zu bekommen. Als dieser »Spartakus-Aufstand« gescheitert war, holte die extreme Rechte zum Gegenschlag aus. Noch im Januar 1919 wurden die führenden Kommunisten Rosa Luxemburg und Karl Liebknecht durch sie ermordet. Im März 1920 versuchte der Gründer der rechtsradikalen Deutschen Vaterlands-Partei, Wolfgang Kapp, zusammen mit dem Weltkriegshelden Ludendorff und seinem Mitverschwörer Lüttwitz die Regierung zu stürzen. Die Berliner Garnison schlug die durch das Brandenburger Tor einmarschierenden Putschisten nicht zurück, sondern schloß sich ihnen an. Mit Standarten der kaiserlichen Armee im Gepäck und »Heil Dir im Siegerkranz« auf den Lippen besetzten sie die Gebäude der Regierung, die Berlin schon verlassen hatte. Erst ein Generalstreik machte dem Spuk ein Ende.

Im Jahre 1922 wurde der Reichsaußenminister Walther Rathenau in der Koenigsallee im Stadtteil Grunewald Opfer eines Attentats, das von Angehörigen der »Organisation Consul« verübt wurde. Dieser Geheimbund ehemaliger Offiziere war schon für den Mord an dem Zentrumspolitiker Matthias Erzberger verantwortlich gewesen, den die

Organisation im August 1921 als »Rache« für die Unterzeichnung des Waffenstillstandsabkommens durch Erzberger 1918 begangen hatte. Hatte der Mord an Erzberger noch verhaltene Reaktionen ausgelöst, war die Empörung der Berliner über den Mord an Rathenau groß, eine halbe Million Menschen nahm an dem Trauerzug teil. Unter dem Eindruck des gewaltsamen Todes des deutschen Außenministers wurde das »Gesetz zum Schutz der Republik« verabschiedet, das auch Attentatspläne sowie die Hetze gegen Regierungsmitglieder unter Strafe stellte. Große Wirkungen erzielte das Gesetz jedoch nicht, weil vielerorts der Willen fehlte, es konsequent anzuwenden. Die Übernahme des Justizapparats aus kaiserlichen Zeiten rächte sich bitter.

Die wirtschaftliche Not war Anfang der zwanziger Jahre groß, die Hyperinflation zerstörte die Reste des Wohlstands. Ein Brot kostete 1923 80 Mrd. Reichsmark. Erst nach einer Währungsreform und nachdem die Last der Reparationen, die Deutschland an die Siegermächte zu zahlen hatte, reduziert worden war, verbesserte sich die Lage. Ausländische, vor allem amerikanische Kredite flossen nach Deutschland und förderten den Wiederaufbau. Jetzt begann Berlins große Zeit. »Roaring Twenties« waren eigentlich nur die Jahre zwischen 1924 und 1929, als dann der Börsenkrach in New York die Welt in Mitleidenschaft zog.

Bereits 1920 war durch eine »Gebietsreform« Groß-Berlin entstanden, also die Stadt in den Umrissen, wie wir sie heute kennen. So sollte eine leistungsfähige kommunale Einheit entstehen, die in der Lage war, die komplizierten Aufgaben der Bereitstellung von Infrastruktur für diesen Ballungsraum zu lösen. Acht Städte, 59 Landgemeinden und 27 Landgüter wurden zur neuen Stadt Berlin zusammengelegt. Die Namen der Stadtbezirke (z. B. Schöneberg, Köpenick) oder der Stadtteile (z. B. Mariendorf, Friedrichshagen) verweisen noch auf den Zustand vor der Zusammenlegung. Mit der Schaffung Groß-Berlins entstand die Verwaltungsstruktur, die im groben heute noch gilt. Die Stadt wurde in zwanzig Stadtbezirke unterteilt, die jeweils ein eigenes Bezirksamt hatten, das aus dem Bezirksbürgermeister und weiteren Stadträten bestand. Kontrolliert wurde dieses Gremium von der Bezirksverordnetenversammlung. An der Spitze der Groß-Berliner Verwaltung stand ein Oberbürgermeister, dem ein Magistrat zur Seite gestellt war. Die Magistratsmitglieder waren zum Teil besoldet, zum Teil ehrenamtlich tätig. Die hauptamtlichen wurden für 12 Jahre gewählt, das Mandat der unbesoldeten Stadträte währte vier Jahre.

Berlin wurde durch den Zusammenschluß zur größten Industriestadt des Kontinents. Nachdem die erste Nachkriegsdepression überwunden war, konnte Berlin sein Potential entfalten und zu einem geistigen und kulturellen Zentrum von Weltgeltung werden. 149 Zeitungen erschienen in der Stadt, in der Architekten wie Walter Gropius, Hans Scharoun, Bruno Taut, Emil Fahrenkamp, Hans Poelzig und Martin Wagner bauten. 1923 erlebte der Rundfunk in Berlin seine deutsche, 1931 das Fernsehen seine Weltpremiere. Die Wissenschaftler Carl Bosch, Albert Einstein und Werner Heisenberg holten Nobelpreise in die Stadt. Maler wie Max Liebermann, George Grosz, Max Beckmann und Lovis Corinth, Schriftsteller wie Arnold Zweig, Bertolt Brecht, Kurt Tucholsky und Carl von Ossietzky prägten von Berlin aus eine ganze Epoche mit. Auch weltberühmte Theaterleute wie Max Reinhardt, Erwin Piscator, Leopold Jessner oder wiederum Bertolt Brecht waren in der Stadt tätig. Dabei darf aber nicht übersehen werden, daß es auch einen starken Trend zur Unterhaltungskultur gab. Das Bild Berlins war geprägt von Veranstaltungsorten wie dem Friedrichstadt-Palast, dem Metropoltheater, dem Admiralspalast und dem Wintergarten. Sie boten Revuen, zogen Stars und Sternchen an und fanden allabendlich ihr Publikum.

Berlin tanzte auf dem Vulkan, die Vergangenheit war schwer, die Zukunft ungewiß, man wollte jetzt leben und so intensiv wie möglich. Die Polizeistunde bestand in der Hauptstadt nur zwischen 3.00 Uhr und 6.00 Uhr und wurde nicht allzu ernst genommen. Der Schriftsteller Carl Zuckmayer schrieb über das Berlin dieser Zeit:

»Die Stadt fraß Talente und menschliche Energien mit beispiellosem Heiß-hunger, um sie ebenso rasch zu verdauen, kleinzumahlen und wieder auszuspucken. Was immer in Deutschland nach oben strebte, saugte sie mit Tornado-Kräften in sich hinein, die Echten wie die Falschen, die Nullen wie die Treffer ...«

Die Stadt durchlief eine ungeheure Modernisierung. Nach der Eingemeindung wurden große und effektive Versorgungsbetriebe geschaffen: GASAG, BEWAG, BVG – das sind Namen, die auch heute jedem Berliner Synonym für die Infrastruktur der Stadt sind. Die 1928 gegründete Verkehrsgesellschaft BVG wurde zum größten kommunalen Unternehmen der Welt.

1922 begann man, die S-Bahn zu elektrifizieren. Berlin war der wichtigste Bahnknotenpunkt Deutschlands, aber auch sein zweitgrößter Binnenhafen. Die Eröffnung des Flughafens Tempelhof 1924 machte Berlin zum Luftkreuz Europas. Seit 1924 gab es die Funkausstellung, die auch heute noch alle zwei Jahre Hunderttausende von Besuchern anzieht. Die jährlich stattfindende Landwirtschaftsmesse »Grüne Woche« geht auf das Jahr 1926 zurück. All dies zeigt, daß die Stadt in den zwanziger Jahren voller Dynamik war, die die Historiker Ribbe und Schmädeke so zusammenfassen:

»1925 lebten hier auf knapp einem Fünfhundertstel des Reichsgebietes vier Millionen Menschen, das war ein

Berlin und die Literatur der zwanziger Jahre

Als 1929 die Anthologie ›Hier schreibt Berlin‹ erschien, hatte die neue europäische Metropole den Gipfelpunkt ihrer literarisch-geistigen Strahlkraft erreicht: Kaum ein Autor von internationaler Bedeutung, der nicht besuchsweise, zeitweilig oder auf Dauer in Berlin lebte; die Flut berlinbezogener Großstadtdichtungen beschleunigte die urbane Mythenbildung; die literarisch-kulturelle Infrastruktur übte Magnetwirkung in ganz Europa aus (Café des Westens, Romanisches Café, Schwannecke, Ullstein Verlag, Samuel Fischer, Bruno Cassirer, Malik usw.); der Zuzug von deutschsprachigen Autoren, die sich oft auch als Journalisten betätigten, hielt an. Rund fünfzig Autoren mit klangvollen Namen verzeichnete die Berlin-Anthologie, deren stilistische Bandbreite vom kritischen Realismus über den Spätexpressionismus bis zur Neuen Sachlichkeit reichte. …
Das unvermittelte Nebeneinander einer regionalen, ästhetisch eher traditionalistischen Literatur und eines dominierenden internationalen Stils, den Autoren wie Gottfried Benn, Alfred Döblin und Bertolt Brecht repräsentierten, erscheint in diesen Jahren besonders ausgeprägt. Elias Canetti charakterisiert diese Mischung aus Durcheinander und Gleichgültigkeit: »Man lebte in Gruppen, in Cliquen (…). Jeder einzelne, der etwas war, und viele waren etwas, schlug mit sich auf die anderen los. Ob sie ihn verstanden, blieb fraglich, er verschaffte sich Gehör, es schien ihn nicht zu stören, daß andere sich auf andere Weise Gehör verschafften.«

Fast alle neuen Trends wurden nun in der Stadt erprobt oder hier kreiert, Alfred Döblins Montageroman Berlin Alexanderplatz, die Reportagen und Feuilletons von Egon Erwin Kisch, Siegfried Kracauer, Joseph Roth, Heinrich v. Brentano, die epischen Dramen Bertolt Brechts, die Essayistik Alfred Kerrs und Gottfried Benns, die Gebrauchslyrik Erich Kästners – schier unerschöpflich war das Reservoir innovativer literarischer Ansätze, die simultan entstanden und

Mosaiksteine einer internationalen Metropolenkultur bildeten. Zudem verstärkte die große Kolonie russischer Literaten und Künstler in Berlin, italienischer, französischer und amerikanischer Schriftsteller den übergreifenden Dialog. Berlin war ein literarischer Schmelztiegel, die Austauschprozesse entzogen sich bereits ordnender Sichtung. ... Nicht allein durch literarisch-publizistische Doppelbegabungen wie Kurt Tucholsky, Alfred Döblin oder Joseph Roth wurden die Feuilletons literarischer. Der Journalismus von Siegfried Jacobsohn, Carl v. Ossietzky, Theodor Wolff, Willy Haas und Leopold Schwarzschild zeugte selbst von literarischen Qualitäten. Und schließlich färbte der knappe, pointierte publizistische Stil auf die Erzähltechniken der neusachlichen Literatur ab.

Fünfzehntel der deutschen Bevölkerung. Ein Zwölftel (450000) aller Betriebe und ein Zehntel (2 1/2 Millionen) aller Beschäftigten des Reiches waren hier konzentriert.«

Berlin war darüber hinaus nicht nur das Verwaltungszentrum des Deutschen Reiches, es war auch der Schwerpunkt des Handels sowie der führende Banken- und Börsenplatz – Funktionen, die es am Ende dieses Jahrhunderts auch nach dem Umzug der Regierung nicht wird zurückgewinnen können.

Aber Berlin blieb voller sozialer Probleme – bei weitem nicht alle Teile der Bevölkerung waren in den Aufschwung miteinbezogen. Die kritischen Zeichnungen Heinrich Zilles werden in unserer Zeit oft als Folklore aufgefaßt, bei den Darstellungen von Käthe Kollwitz, die mit ihrem Mann, einem Arzt, im Stadtbezirk Prenzlauer Berg lebte, sind solche Mißverständnisse nicht möglich. Zu eindringlich und eindeutig beschreiben sie das soziale Elend einer Stadt, die schon 450000 Arbeitslose zählte, bevor am »Schwarzen Freitag« im Oktober 1929 die New Yorker Börse zusammenbrach. Erst 1931/32 traf die internationale Wirtschaftskrise auch Deutschland in vollem Maß. Banken und In-

Charme und Tempo von Berlin

Was zum Kuckuck gibt denn dieser Stadt ihren Charme? In erster Linie das Tempo. Keine Stadt ist so ruhelos wie Berlin. Alles ist in Bewegung. Die Verkehrsampeln wechseln unaufhörlich von rot auf gelb und dann auf grün. Die Lichtreklamen blitzen auf und verlöschen pathetisch blinkend wie Leuchtfeuer an der Meeresküste. Straßenbahnen schaukeln klingelnd um die Kurven. Die Nachtluft, in der selbst die Turmhelme der Gedächtniskirche vor Erregung flackern, ist vom Pulsschlag neuer Erwartungen durchzittert. Jedermann weiß: Berlin wacht jede Nacht neuen Abenteuern entgegen. Jedermann fühlt, wie schade es wäre zu Bett zu gehen, bevor das Erwartete oder Unerwartete eintrifft. Jedermann weiß, am nächsten Morgen, komme was wolle, fühlt man sich wieder wie neugeboren. Und dann diese Offenheit. London ist eine alte Dame im schwarzen Spitzenkleid mit Brillanten, die würdevoll alle Geheimnisse für sich behält und der man ja keines der Geheimnisse erzählen darf, über die man sich selber schämt. Paris ist eine vollerblühte Frau, der man nur diejenigen Geheimnisse erzählt, die man weitererzählt haben will. Aber Berlin ist ein Mädchen im Pullover, nicht sehr gepudert, den Hölderlin in der Tasche, mit den Hüften einer Atalanta, einer nicht ganz verdauten Erziehung, einem Herzen, das beinahe immer zu schnell sympathisiert, und einer Großzügigkeit der Ansichten, die unsere Scheu vor allem, was vielleicht giftig daran sein könnte, einfach wegzaubert und unsere Korrektheit beschämt. Mit ihr spaziert man durch Licht und Schatten. Und nach einer Stunde etwa Hand in Hand.

Der Verfasser dieser Glosse von 1929, Harold Nicolson, war ein englischer Diplomat und Schriftsteller, der Berlin immer wieder besuchte.

dustrieunternehmen brachen zusammen. Kurz vor Weihnachten 1931 fanden die Arbeiter der Borsig-Werke an den Fabriktoren den Anschlag: »Die gesamte Belegschaft ist entlassen!«

Schon vor dem großen Knall hatte es Arbeitslosenunruhen in Berlin gegeben. Im Mai 1929, der als »Blutmai« in die Geschichte eingegangen ist, starben dabei über dreißig Menschen, Hunderte wurden verletzt. Die innere Stabilität des Gemeinwesens löste sich auf. Im November 1929 konnten die Nationalsozialisten zum ersten Mal ins Stadtparlament einziehen. Zu dieser Zeit wurde Berlin von einem Korruptionsskandal erschüttert, in den auch – wie sich zwei Jahre später herausstellen sollte, zu Unrecht – der seit 1921 amtierende Oberbürgermeister Böß verwickelt wurde.

Daß die Weimarer Republik an der Vielzahl der Parteien zugrunde gegangen sei, hört man allenthalben, trifft jedoch nicht zu. Zerstört worden ist die erste parlamentarische Demokratie auf deutschem Boden vielmehr durch die Auflösung der Mitte und das Erstarken von Hitlers Nationalsozialistischer Deutscher Arbeiterpartei (NSDAP). Seit 1920 waren die Befürworter der Republik in der Minderheit. Die Gegner der Demokratie verfügten über eine Mehrheit, die sie jedoch nicht nutzen konnten, da die verschiedenen Lager sich gegenseitig blockierten. Als es den Nationalsozialisten gelang, einen immer größeren Teil derjenigen, die der Republik ablehnend gegenüberstanden, zu organisieren, und gleichzeitig die Feinde der Republik auf dem linken Flügel ebenfalls Zulauf erhielten, hatte die parlamentarische Demokratie keine Chance mehr.

Die Nationalsozialisten gehörten dem Reichstag schon seit 1928 an. Er war für sie ein verhaßtes Symbol des »Systems«, und sie nutzten ihn lediglich als Tribüne für ihre Propaganda. Darüber hinaus provozierten sie – oft zusammen mit den Kommunisten – immer wieder Tumulte im Parlament, gelegentlich kam es sogar zu Raufereien. Der jeweils amtierende Präsident konnte in einer solchen Situation nichts anderes tun, als die Sitzung zu schließen. Solche Ereignisse dürfen jedoch nicht darüber hinwegtäuschen, daß es sich beim Reichstag um ein fleißiges Arbeitsparlament handelte, das allerdings durch Notverordnungen des Präsidenten und vorzeitige Beendigungen der Legislaturperioden stark behindert wurde. Keine einzige Legislaturperiode des Reichstages in der Weimarer Republik erstreckte sich über den regulären Zeitraum, über zwanzig Kabinette taten in den 14 Jahren der Republik Dienst.

Die Radikalisierung der deutschen Parlamente machte auch vor Berlin nicht halt. Bei den Kommunalwahlen 1929 kam die NSDAP auf 5,8 Prozent, die Kommunistische Partei Deutschlands (KPD) auf 24,6 Prozent. Die traditionell stärkste Partei, die SPD, lag mit 28,4 Prozent nur knapp davor. Fraktionsvorsitzender der NSDAP in der Berliner Stadtverordnetenversammlung wurde der spätere Reichspropagandaminister Joseph Goebbels, der zum engsten Kreis um Hitler gehörte. Die KPD-Fraktion leitete Wilhelm Pieck, der spätere Präsident der DDR.

Seit 1930 verfügte keine Reichsregierung mehr über eine parlamentarische Mehrheit; sie hingen von der Gnade des Präsidenten und seinen Notverordnungen ab. Daß es in vielen deutschen Städten, darunter auch in Berlin, heute noch Straßen, Plätze, Schulen und Kasernen gibt, die nach dem damaligen Reichspräsidenten Paul von Hindenburg benannt sind, zeigt ein deutliches Defizit des Geschichtsunterrichts in Deutschland auf. Hindenburg spielte nicht die entscheidende, aber eine aktive Rolle beim Untergang der Weimarer Republik, mit der er sich innerlich nie angefreundet hatte. Im Januar 1933 ernannte er Adolf Hitler zum Reichskanzler. Dieser Epochenwechsel traf nicht nur Berlin und Deutschland, er war für fast die ganze Welt von Bedeutung.

Berlin
während des Nationalsozialismus

Der 30. Januar 1933, an dem Hitler von einer Intrigantenclique unter Führung des konservativen Politikers von Papen ins Amt des Reichskanzlers gehievt wurde, wird oft fälschlich als »Tag der Machtergreifung« bezeichnet. Tatsächlich ist dies ein Terminus der Nationalsozialisten; der Januar 1933 markierte nur den Anfang der Machtergreifung. Die selbstgefällige Auffassung von Papens, man könne sich des »Trommlers« Hitler für die eigenen Zwecke bedienen, und innerhalb von sechs Monaten habe man diesen an die Wand gedrückt, daß er quietsche, erfüllte sich allerdings nicht. Planmäßig betrieben die Nazis die Übernahme der Macht, die Opposition war hilf- und konzeptionslos.

Als in der Nacht vom 27. zum 28. Februar 1933 das Reichstagsgebäude brannte, gelang es Hitler, die Kommunisten dafür verantwortlich zu machen und – weit wichtiger – den greisen Reichspräsidenten zur Unterschrift unter eine bereits vorliegende Notverordnung zu drängen, mit der die Grundrechte in Deutschland außer Kraft gesetzt wurden. So können die Reichstagswahlen vom 5. März 1933 nur noch mit großen Einschränkungen als freie Wahlen angesehen werden. Dennoch erzielten die Nazis nicht die erwünschte Mehrheit, allerdings immerhin über 43 Prozent. Die Berliner waren in ihrer Zustimmung weit zurückhaltender, lediglich 34,6 Prozent ihrer Stimmen konnten die Nationalsozialisten für sich zählen.

Einen Tiefpunkt der deutschen Parlamentsgeschichte stellt die Verabschiedung des Ermächtigungsgesetzes durch den Reichstag am 24. März 1933 dar. Tagungsort war die Kroll-Oper gegenüber dem durch den Brand beschädigten

Reichstagsgebäude. Die Kroll-Oper, ein Musical-Theater, stand ungefähr dort, wo sich heute die Kongreßhalle im Tiergarten befindet. Das deutsche Parlament entmachtete sich durch diesen Akt selbst, die Regierung, also Hitler, konnte nunmehr Gesetze erlassen, sogar solche, die gegen die Verfassung verstießen. Zur Ehre vieler Abgeordneter muß man sagen, daß die Kommunisten an dieser Abstimmung schon nicht mehr teilnehmen konnten und daß die Sozialdemokraten dagegen stimmten. Ihr Vorsitzender Otto Wels hielt Hitler in der Debatte entgegen:

»Noch niemals, seit es einen Deutschen Reichstag gibt, ist die Kontrolle der öffentlichen Angelegenheiten durch die gewählten Vertreter des Volkes in solchem Maße ausgeschaltet worden, wie es jetzt geschieht und wie es durch das neue Ermächtigungsgesetz noch mehr geschehen soll.«

Hitler höhnte zurück, daß das Parlament den Nationalsozialisten lediglich Vollmachten einräume, die sie sich »ohnedem hätten nehmen können«. Die bürgerlichen Parteien stimmten mit den Nazis für das Gesetz, darunter auch Abgeordnete, die in der Geschichte der Bundesrepublik noch eine Rolle spielen sollten. Theodor Heuss, der spätere Bundespräsident, gab seine Zustimmung, weil er sich dem Fraktionszwang seiner Partei, der Deutschen Staatspartei, beugte. Die fünf Abgeordneten wollten einen einheitlichen Eindruck erwecken – als ob es darauf in dieser Situation angekommen wäre.

Den 1. Mai ließ Hitler zum Feiertag erklären und pompös auf dem Tempelhofer Feld begehen. Einen Tag später zerschlug er die Gewerkschaften, die an den Feierlichkeiten des Vortages noch nichtsahnend teilgenommen hatten.

Berlin war keine Nazi-Hochburg und sollte es auch nie werden. Der Gleichschaltung konnte die Stadt jedoch nicht entgehen. Der geschäftsführende preußische Innenminister und Ministerpräsident Hermann Göring, einer der engsten Vertrauten Hitlers, ernannte den Führer der NSDAP-

Stadtverordnetenfraktion, Julius Lippert, zum Staatskommissar der Hauptstadt Berlin und entmachtete damit weitgehend den Oberbürgermeister der Stadt. Lippert erkannte im März 1933 den Kommunisten und im Juli desselben Jahres den Sozialdemokraten alle Mandate im Stadtparlament und in den Bezirksversammlungen ab. Erst dadurch hatten die Nazis eine Mehrheit in der Stadtverordnetenversammlung, die jedoch keine Rolle mehr spielte. Bei den politischen Säuberungen wurde jeder dritte Angestellte und jeder zehnte Arbeiter der Haupt- und der Bezirksverwaltungen entlassen. Auf der anderen Seite wurden von Göring als preußischem Innenminister insgesamt 40000 SA-Männer als »Hilfspolizisten« eingestellt, die auch in Berlin dafür sorgten, daß der Nationalsozialismus sich durchsetzte.

Ungefähr 160000 Menschen jüdischen Glaubens, ein Drittel aller deutschen Juden, lebten vor 1933 in Berlin, wo ihr Anteil an der Gesamtbevölkerung vier Prozent betrug. Ein knappes Drittel von ihnen waren arme Einwanderer aus Osteuropa, die sogenannten Ostjuden, die im »Scheunenviertel« unweit des Alexanderplatzes lebten. Die meisten Juden gehörten dem Mittelstand an, eine Reihe von ihnen aber hatte herausragende Positionen inne, so zum Beispiel der Industrielle und Politiker Walther Rathenau, der Kaufhausbesitzer Georg Tietz (der Großneffe des Kaufhausgründers Hermann Tietz – daher der Name Hertie), der Bankier Karl Fürstenberg, der Wissenschaftler Albert Einstein, der Maler Max Liebermann, die Lyrikerin Mascha Kaléko, der Schriftsteller Kurt Tucholsky, die Dichterin Else Lasker-Schüler, der Tageblatt-Chefredakteur Theodor Wolff sowie die Verleger Samuel Fischer, die Gebrüder Ullstein und Rudolf Mosse.

Von Beginn an wurden die Juden im »Dritten Reich« verfolgt, drangsaliert, diskriminiert und gedemütigt. Bereits im

Lion Feuchtwanger
Mit guten Wünschen für unser Haus

Ich weiß nicht, wie Sie heißen, mein Herr, und auf welche Art Sie in den Besitz meines Hauses gelangt sind. Ich weiß nur, daß vor zwei Jahren die Polizei des Dritten Reiches mein gesamtes bewegliches und unbewegliches Vermögen beschlagnahmt und der Reichsaktiengesellschaft für Konfiskation des Vermögens politischer Gegner (Aufsichtsratsvorsitzender Minister Göring) überwiesen hat.

Ich erfuhr das aus einem Schreiben der Hypothekengläubiger. Sie teilten mir erläuternd mit, die Rechtsprechung des Dritten Reiches verstehe, wenn es sich um das konfiszierte Vermögen politischer Gegner handle, unter »Vermögen« nur die Aktiva. Trotzdem also mein Haus und meine Banknoten, die die Hypothek um ein Vielfaches überstiegen, konfisziert seien, sei ich verpflichtet, die Hypothekenzinsen genauso wie meine deutschen Steuern aus meinem im Ausland neu zu erwerbenden Vermögen weiter zu bezahlen. Sei dem wie immer, jedenfalls sitzen jetzt Sie, Herr X, in meinem Haus, und ich habe nach der Auffassung deutscher Richter die Zinsen zu zahlen.

Wie gefällt Ihnen mein Haus, Herr X? Lebt es sich angenehm darin? Hat der silbergraue Teppichbelag der oberen Räume bei der Plünderung durch die SA-Leute sehr gelitten? Mein Portier hat sich damals in diese oberen Räume geflüchtet, die Herren wollten sich, da ich in Amerika war, an ihm schadlos halten, der Teppichbelag ist sehr empfindlich, und Rot ist eine kräftige Farbe, die schwer herauszubringen ist. Auch der Gummibelag des Treppenhauses war nicht gerade für die Stiefel von SA-Leuten berechnet. Wenn er sehr gelitten hat, wenden Sie sich am besten an die Firma Baake; ....

Was fangen Sie wohl mit den beiden Räumen an, die meine Bibliothek enthielten? Bücher, habe ich mir sagen lassen, sind nicht sehr beliebt in dem Reich, in dem Sie leben, Herr X, und wer sich damit befaßt, gerät leicht in Unannehmlichkeiten. Ich zum Beispiel habe das Buch Ihres »Führers« gelesen und harmlos konstatiert, daß seine 140000 Worte 140000

Verstöße gegen den deutschen Sprachgeist sind. Infolge dieser meiner Feststellung sitzen jetzt Sie in meinem Haus. ... Pflegen Sie es, bitte, ein bißchen. ...
Mit vielen guten Wünschen für unser Haus

Offener Brief des von den Nazis ausgebürgerten Schriftstellers Lion Feuchtwanger »an den Bewohner meines Hauses Mahlerstraße 8 in Berlin«.

März 1933 mußten alle jüdischen Ärzte der Charité, der renommiertesten Klinik der Stadt, den Dienst quittieren. Am 1. April 1933 stand die SA vor den Geschäften jüdischer Besitzer und forderte die »deutsche« Bevölkerung zum Kaufboykott auf. Am 10. Mai wurden in Anwesenheit von Joseph Goebbels auf dem Opernplatz gegenüber der Friedrich-Wilhelms-Universität die Bücher »undeutschen Geistes« verbrannt. Hiervon waren auch die Werke jüdischer Autoren betroffen. Viele Juden sowie kritische Intellektuelle verließen Berlin und Deutschland. Berlin verlor mit ihnen seine wissenschaftliche und kulturelle Ausstrahlung.

Ein Tiefpunkt der immer weiter gehenden Ausgrenzung und Entrechtung der Juden war die Pogromnacht des 9. November 1938, in der die NSDAP und ihre SA landesweit Synagogen zerstörten und jüdische Geschäfte plünderten. Wegen des auf der Straße liegenden Glases gaben die Nazis der Nacht den Spottnamen »Reichskristallnacht«, der sich leider bis heute im Sprachgebrauch gehalten hat.

Bei Kriegsausbruch 1939 lebten noch ca. 75 000 Juden in Berlin, von denen ungefähr 50 000 in die Konzentrationslager deportiert wurden. Fast alle wurden dort ermordet. Ein schlichtes Mahnmal am Güterbahnhof Grunewald, von dem aus die Transporte vor allem nach Auschwitz und Theresienstadt gingen, erinnert heute an das Ereignis. (Die Gedenktafel mußte in den letzten Jahren mehrfach erneuert werden, weil sie entwendet oder zerstört worden war.) Etwa 1 500 Juden überlebten in Berlin im Untergrund, versteckt und unterstützt von Freunden und Bekannten, gelegentlich auch von Fremden.

Der Terror der SA, später vor allem der Geheimen Staatspolizei, richtete sich auch gegen alle politisch mißliebigen Personen, die anfangs in sogenannte wilde Konzentrationslager, oftmals Keller oder Hinterzimmer von SA-Vereinslokalen, später in »ordentliche« Lager, vor allem in das nahegelegene KZ Sachsenhausen, verschleppt wurden.

Berlin war die Befehlszentrale des Nazi-Terrors, es war aber auch die Hauptstadt des deutschen Widerstandes, nicht nur am 20. Juli 1944. Das Gebäude, in dem Stauffenbergs Umsturzversuch scheiterte, zeigt heute eine informative Ausstellung zum Widerstand in seinen unterschiedlichen Formen.

Hitler hat sich in Berlin nie wohl gefühlt. München war die Hauptstadt der Bewegung, deren erster Putschversuch am 9. November 1923 vor der Feldherrenhalle der Isar-Metropole gescheitert war, Nürnberg die Stadt der Reichsparteitage. Wann immer er konnte, zog sich Hitler auf den Obersalzberg bei Berchtesgaden zurück.

Dennoch war Berlin die Hauptstadt des Deutschen Reiches, auch als es sich das Dritte nannte. Hier wurde der Krieg geplant und ausgelöst, hier wurde der Völkermord beschlossen und verwaltet, hier wurde von Joseph Goebbels der »totale Krieg« ausgerufen, der dann auch total auf Berlin zurückschlug.

Vor dem Zusammenbruch standen die Erfolge, die Goebbels, Propagandaminister und Gauleiter von Berlin, brillant zu nutzen wußte. Die bereits 1931 nach Berlin vergebenen Olympischen Spiele waren ein großartiger Propagandaerfolg für die Nationalsozialisten. Die Repression der Opposition und der Juden wurde vorübergehend gelockert, Schilder wie »Für Juden verboten« verschwanden für die Dauer der Spiele. Die Welt sah ein ordentliches, wohlorganisiertes Land, alle schienen zufrieden, die französische

Albert Speer
»Die Gefühle der Öffentlichkeit sollten geschont werden«

Hitler war ängstlich darauf bedacht, daß unsere Entwürfe nicht veröffentlicht wurden. Lediglich Teile wurden bekanntgegeben, da wir nicht gänzlich unter Ausschluß der Öffentlichkeit arbeiten konnten: zu viele Personen waren mit den Vorarbeiten beschäftigt. So gaben wir gelegentlich in harmlos erscheinende Planungsteile Einblick, und auch die städtebauliche Grundkonzeption wurde mit Genehmigung Hitlers durch einen Artikel, den ich schrieb, publik gemacht. Als aber der Kabarettist Werner Finck sich über diese Projekte lustig machte, wurde er, obwohl auch anderes hinzugekommen sein mag, in ein Konzentrationslager verbracht. Übrigens einen Tag, bevor ich selbst die Vorstellung besuchen wollte, um zu zeigen, daß ich nicht verletzt sei.
Unsere Vorsicht zeigte sich auch bei Kleinigkeiten: als wir die Möglichkeit erwogen, den Turm des Berliner Rathauses abzureißen, lancierten wir durch Staatssekretär Karl Hanke ein »Eingesandt« in eine Berliner Zeitung, um die Volksmeinung zu erkunden. Auf die wütenden Proteste der Bevölkerung hin verschob ich meine Absicht. Bei der Durchführung unserer Pläne sollten überhaupt die Gefühle der Öffentlichkeit geschont werden. So wurden Überlegungen angestellt, das Schloß Monbijou, an dessen Standort ein Museumsbau geplant war, im Charlottenburger Schloßpark wieder aufzubauen. Selbst der Funkturm blieb aus ähnlichen Gründen erhalten, und die Siegessäule, die unseren Neubauplänen im Weg stand, wurde nicht beseitigt ...

Albert Speer, aus dessen Erinnerungen hier zitiert wird, war Vertrauter Hitlers und Generalbauinspektor für die Reichshauptstadt Berlin, ab 1942 Rüstungsminister; er wurde 1946 vom Nürnberger Kriegsverbrecher-Tribunal zu 20 Jahren Gefängnis verurteilt und 1966 aus der Alliierten Militärhaft in Berlin-Spandau entlassen.

Olympiamannschaft marschierte mit dem Hitler-Gruß ins Stadion ein.

Als Hitler im April 1939 seinen 50. Geburtstag feierte, sah die Stadt die größte Parade ihrer Geschichte. Die beiden Teile des Charlottenburger Tors, an der heutigen Straße des 17. Juni gelegen, wurden aus diesem Anlaß weiter auseinandergezogen, um mehr Durchmarschraum zu schaffen. Der »Führer« und sein Architekt, Albert Speer, brüteten über Plänen für eine Welthauptstadt Germania, zu der sie Berlin entwickeln wollten, und planten Bauten eines Ausmaßes, gegen das sich das Reichstagsgebäude wie ein Wochenendhäuschen ausgenommen hätte. Kernstück dieser megalomanen Stadt sollte eine »Große Halle des Volkes« sein. Sie wäre das größte Bauwerk der Welt gewesen und hätte – bei einer Höhe von 300 Metern – ein Fassungsvermögen von 150 000 bis 180 000 Menschen gehabt. Die Botschaft wäre klar gewesen: Du bist nichts, dein Volk ist alles.

Ab 1940 erreichte der Krieg dann auch die Stadt, von der er ausgegangen war. Von nun an waren regelmäßig feindliche Flugzeuge am Berliner Himmel zu sehen. 1943 setzten Flächenbombardements ein, die erst mit dem Kriegsende aufhörten. Als der »Führer« seinem Leben am 30. April 1945 ein Ende setzte und sein getreuer Paladin Goebbels es ihm einen Tag später gleichtat, waren ein Fünftel aller Gebäude und über 600 000 Wohnungen zerstört.

2,3 bis 2,5 Millionen Menschen lebten noch in der Trümmerwüste, als der Stadtkommandant von Berlin, General Weidling, in der Stubenrauchstraße in Tempelhof am 2. Mai 1945 gegenüber der Roten Armee kapitulierte. Knapp eine Woche später fand im Stadtteil Karlshorst die Gesamtkapitulation der Deutschen Wehrmacht gegenüber den Siegermächten statt. Als die Offiziere der Alliierten die Stadt besichtigten, glaubten viele von ihnen nicht, daß Berlin noch eine Zukunft haben könnte. Zu gewaltig schienen ihnen die Zerstörungen, als daß sie beseitigt werden könnten. Damals und heute – der 2. Mai 1945 war eine klare Zäsur in der Geschichte der deutschen Hauptstadt.

Die Viermächte-Stadt

Im April und Mai 1945 geschah das, was der britische Premierminister Winston Churchill unbedingt hatte verhindern wollen: Die sowjetischen Truppen besetzten Berlin, und zwar allein und vollständig.

Noch vor der Kapitulation Berlins begannen die Sowjets mit Hilfe der aus dem Moskauer Exil angereisten Kommunisten unter Leitung Walter Ulbrichts, eine Zivilverwaltung für die Nachkriegsstadt aufzubauen. Sie bezogen dabei zahlreiche parteilose und unbelastete Fachleute in die Verwaltung der Bezirke und der Gesamtstadt ein, achteten aber darauf, daß sie selbst die Schlüsselpositionen besetzten. Ulbricht gab die Devise aus: »Es muß demokratisch aussehen, aber wir müssen alles in der Hand haben.«

Bereits am 13. Mai wurde der parteilose Architekt Arthur Werner von der Sowjetischen Militäradministration in Deutschland (SMAD) zum Oberbürgermeister bestimmt. Sein Magistrat wies bekannte Namen auf: Gesundheitsstadtrat wurde der Chirurg Ferdinand Sauerbruch, das Ressort Bau- und Wohnungswesen übernahm der Architekt Hans Scharoun. Aber drei der vier Stellvertreter Werners und sechs der 12 Stadträte waren Kommunisten. Zum Polizeipräsidenten ernannten die Sowjets Paul Markgraf, einen ehemaligen Wehrmachtsoffizier, der sich in der Kriegsgefangenschaft dem Nationalkomitee Freies Deutschland angeschlossen hatte. Er unterstand zwar formell dem Magistrat, weigerte sich aber, von einer anderen Stelle als der SMAD Befehle entgegenzunehmen.

Im Juli 1945 kamen die Westalliierten nach Berlin und übernahmen jeweils einen Teil der Stadt. Eines der unausrottbaren Gerüchte ist, die Amerikaner hätten Sachsen und

Thüringen gegen einen Teil von Berlin getauscht. Tatsächlich waren die Beschlüsse über die Aufteilung der Einflußzonen der Siegermächte jedoch schon 1944 getroffen worden. In einem Protokoll vom September 1944 legten die Alliierten die Besatzungszonen in Deutschland fest. Das »besondere Berliner Gebiet« erhielt den Status einer eigenen Besatzungszone, so daß es einschließlich der französischen Zone, die erst nach Kriegsende festgelegt wurde, fünf Besatzungszonen in Deutschland gab: die amerikanische, die britische, die sowjetische, die französische – und Berlin. Die Besonderheit der Berliner Zone bestand darin, daß sie von den drei bzw. später vier Siegermächten gemeinsam verwaltet werden sollte. Der Grund lag in der Schaffung einer alliierten Behörde für Deutschland, des sog. Alliierten Kontrollrates, die ihren Sitz in Berlin haben sollte und bis zu ihrem Auseinanderbrechen 1948 auch hatte. Da die Alliierten sich untereinander nicht vertrauten, wollten sie alle auf den »Regierungsbezirk« Einfluß haben – daher der besondere Status der Stadt. Berlin selbst sollte von einer Alliierten Kommandantur verwaltet werden, in der die Vertreter der vier Mächte zusammensaßen.

Der Kontrollrat zog ins alte Kammergericht am Kleistpark in Schöneberg, das zwischenzeitlich auch dem berüchtigten Volksgerichtshof als Sitz gedient hatte, die Kommandantur nahm in dem Gebäude des Verbandes der öffentlichen Feuerversicherungen in der Kaiserswerther Straße in Zehlendorf Quartier, das zum amerikanischen Sektor gehörte.

Die gemeinsame Verwaltung Berlins durch die Siegermächte konnte nicht besser funktionieren als die gemeinsame Administration für Deutschland – und die war wiederum abhängig vom Klima zwischen den Alliierten. Das jedoch war frostig. In keinem einzigen wichtigen Punkt der Deutschlandpolitik stimmten die Sieger überein, ja die Kriegsverbündeten von eben sahen sich nun als Gegner in einer neuen Auseinandersetzung an – dem Kalten Krieg.

Vordergründig ging es dabei um Ideologien, aber natürlich spielten geopolitische, strategische, globalpolitische und wirtschaftliche Interessen eine große Rolle.

Die Viermächte-Stadt Berlin war in Sektoren unterteilt. In jeweils einem der Sektoren waren die Truppen jeweils eines Alliierten stationiert, die dort auch für Ruhe und Ordnung zuständig waren. Der jeweilige Sektorenkommandant führte den Titel Stadtkommandant, die vier Stadtkommandanten bildeten die Alliierte Kommandantur. Dort wurden fleißig Befehle (Berlin Kommandatura/Order) und »Empfehlungen« (Berlin Kommandatura/Letter) verfaßt, die die deutschen Stellen umzusetzen hatten. Allein bis zum Juni 1948, als die Sowjets die Kommandantur verließen, wurden über 1100 dieser Anordnungen erlassen. Als besonderes Problem erwies sich, daß die Kommandantur anfangs beschlossen hatte, alle von den Sowjets in der Zeit ihrer Alleinherrschaft erlassenen Anordnungen in Kraft zu lassen. Änderungen bedurften also eines neuen Beschlusses – und der setzte die Einstimmigkeit voraus. So galten die in den ersten drei Monaten erlassenen Befehle des sowjetischen Militärkommandanten für ganz Berlin weiter.

Die Spaltung der Arbeiterbewegung in der Weimarer Republik hatte es den Nationalsozialisten leicht gemacht, sie als Machtfaktor auszuschalten. Viele Sozialdemokraten, die die Zeit des »Dritten Reichs« gemeinsam mit Kommunisten im Exil oder im Konzentrationslager verbracht hatten, wollten daher die beiden Parteien SPD und KPD zusammenführen. Solche Bestrebungen gab es 1945 vor allem bei den Sozialdemokraten. Sie wurden jedoch von den Kommunisten zurückgewiesen. Ulbricht und seine Getreuen wollten erst ihre Organisation und ihre eigene Position darin stärken.

Schnell zeigte sich, daß die Sozialdemokraten in der Bevölkerung mehr Rückhalt und Unterstützung genossen als die Kommunisten. Nun forcierte die KPD mit aktiver Unterstützung der SMAD die Vereinigung der beiden Parteien. Viele Sozialdemokraten, die sich dieser Vereinigung widersetzten, fanden sich auf Anordnung der sowjetischen Militärmachthaber in sibirischen Straflagern oder sogar in den gleichen deutschen KZs wieder, die sie gerade erst bei Ende der Nazidiktatur verlassen hatten. Im April 1946 wurde die Vereinigung von SPD und KPD im Admiralspalast in der Friedrichstraße vollzogen. Die Gründung der Sozialistischen Einheitspartei Deutschlands (SED) durch den Händedruck zwischen Wilhelm Pieck (KPD) und Otto Grotewohl (SPD) hatte weitreichende Konsequenzen. Die gemeinsame Partei mit ihren paritätisch besetzten Gremien entwickelte sich schnell zu einer rein kommunistischen Partei. Wo die Mehrheit der alten KPD-Kader nicht ausreichte, half der lange Arm der sowjetischen Militärverwaltung.

Nur die Berliner Sozialdemokraten sperrten sich gegen die Zwangsvereinigung. Sie konnten dies, weil sie in den Westsektoren den Schutz der Westmächte genossen. Sie beschlossen, über das Thema Vereinigung eine Urabstimmung durchzuführen und ihre Entscheidung von deren Ausgang abhängig zu machen. Am 31. März 1946 konnten jedoch nur die Sozialdemokraten der Westsektoren ihre Stimme abgeben, die Sowjets hatten die Abstimmung in ihrem Teil Berlins unterbunden. Im Westen lag die Teilnahme bei über 71 Prozent, von denen wiederum 82,2 Prozent gegen einen sofortigen Zusammenschluß der beiden Arbeiterparteien stimmten. Allerdings votierten in derselben Abstimmung über 60 Prozent für eine Zusammenarbeit mit der KPD. Manche der bei der Abstimmung unterlegenen vereinigungswilligen Sozialdemokraten schlossen sich der neugegründeten SED an, die SPD blieb jedoch in Berlin bestehen. Am 31. Mai 1946 ließ die Alliierte Militärkommandantur dann beide Parteien, SED und SPD, in allen vier Sektoren der Stadt zu.

Wie die Bevölkerung in dieser Frage stand, zeigte sich am 20. Oktober 1946, bei den ersten Wahlen zu einer Stadtverordnetenversammlung nach dem Krieg. Die SPD erhielt 48,7 Prozent der Stimmen, die SED 19,8 Prozent in Gesamt-Berlin. Selbst im Ostsektor entfielen 43,6 Prozent der Stimmen auf die Sozialdemokraten und nur 29,9 Prozent auf die SED. Die Kommunisten und ihre sowjetischen Schutzherren zogen daraus die aus ihrer Sicht nötigen Konsequenzen: Weitere freie Wahlen gab es in Ostdeutschland bis zum Ende der DDR nicht.

Infolge der Wahlen von 1946 wurde der Sozialdemokrat Otto Ostrowski Oberbürgermeister von Berlin. Alle Parteien waren gemäß der Provisorischen Verfassung von Berlin im Magistrat vertreten. Die CDU stellte mit Ferdinand Friedensburg den ersten, den Oberbürgermeister vertretenden Bürgermeister, die SED mit Heinrich Acker den zweiten, die SPD mit Louise Schroeder die dritte Bürgermeisterin. Doch schon ein halbes Jahr später veranlaßte die SPD, Ostrowskis eigene Partei, dessen Abwahl, da er hinter dem Rücken der SPD-Gremien mit der SED verhandelt hatte. Die Stadtverordnetenversammlung wählte daraufhin im Juni 1947 Ernst Reuter zum Oberbürgermeister. Die SED hatte gegen ihn gestimmt, sie wußte, was sie von dem gestandenen Sozialdemokraten zu erwarten hatte. Reuter kannte die Kommunisten gut. Er hatte 1918 in sowjetischer Kriegsgefangenschaft Lenin kennengelernt und war von diesem als Volkskommissar in die Republik der Wolga-Deutschen geschickt worden. 1920 war er für drei Monate Generalsekretär der Kommunistischen Partei Deutschlands gewesen, der er dann zugunsten der SPD 1921 den Rücken kehrte. Der sowjetische Vertreter in der Alliierten Kommandantur, der schon bei Reuters Ernennung zum Stadtrat für Verkehr und Betriebe Schwierigkeiten gemacht hatte, verweigerte seine Zustimmung zu Reuters Berufung zum Oberbürgermeister, so daß dieser das Amt nicht antreten konnte. Bis zum Dezember 1948 amtierten stellvertretend für ihn die Sozialdemokratin Louise Schroeder, die diese Funktion schon zwischen der Abwahl Ostrowskis und der Wahl Reuters ausgeübt hatte, und (während der schweren Krankheit Louise Schroeders) der Christdemokrat Ferdinand Friedensburg.

Das Jahr 1948 war das Jahr der Teilung Berlins. Die Sowjetunion wollte diese Teilung nicht. Sie wollte vielmehr ganz Berlin in ihre Besatzungszone, in der es geographisch lag, eingliedern. Als in den Westzonen Deutschlands die Währungsreform durchgeführt wurde, mit der die D-Mark das Licht der Welt erblickte, blieb Berlin ausgenommen – denn es gehörte genauso wenig zu den Westzonen Englands, Frankreichs und der USA wie zu der Ostzone der Sowjetunion. Die Sowjets, die sich lange gegen eine Währungsreform in Deutschland gesträubt hatten, hatten nun keine andere Wahl mehr, als überhastet ebenfalls eine neue Währung einzuführen. Die Reichsmark wurde fünf Tage nach der Währungsreform im Westen in Mark der Deutschen Notenbank der Sowjetischen Besatzungszone umgetauscht. Dabei handelte es sich anfangs um die gleichen Banknoten, denen lediglich ein Aufkleber hinzugefügt wurde. Die Sowjetische Militäradministration in Deutschland (SMAD) ordnete am 23. Juni 1948 mit dem Befehl über die Währungsreform an, das neue Geld habe in ganz Berlin Gültigkeit. Der amtierende Oberbürgermeister Ferdinand Friedensburg erhielt von den Sowjets die Anweisung, die Währungsumstellung in allen vier Sektoren vorzunehmen. Nur Stunden später verboten dies die westalliierten Stadtkommandanten jedoch für ihre Sektoren und ordneten statt dessen die Einführung der D-Mark an. Diese wurde anfangs noch mit einem besonderen Stempel (»B«) gekennzeichnet, weshalb die Berliner von der »Bärenmark« sprachen.

Nun gab es also zwei Währungen in der Stadt, die unterschiedlich gehandelt und bewertet wurden. Den West-Berlinern waren der Besitz und die Verwendung der Ostmark nicht nur erlaubt, ein Teil der Einkäufe mußte sogar mit ihr getätigt werden. Damit wollten die Westalliierten vermeiden, daß eine zu große Menge der D-Mark in West-Berlin (und damit dann auch in Ost-Berlin) im Umlauf waren, was die Währungsreform insgesamt hätte beeinträchtigen können. Den Ost-Berlinern war der Besitz der Westmark von den Sowjets hingegen verboten. Die Währungslage war chaotisch. Gehälter und Löhne konnten zu höchstens 25 Prozent in Westmark gezahlt werden, Rentner erhielten ihr Geld in Ostmark, weil der Rentenversicherungsträger, die Versicherungsanstalt Berlin, seinen Sitz im Ostsektor hatte. Wer im Westen wohnte, aber im Osten arbeitete, erhielt sein Geld ebenfalls in Ostmark. Er konnte dann 10 Prozent davon an einer Wechselstube in West-Berlin in D-Mark (B) umtauschen, bald allerdings zu einem Kurs von 4:1. Erst im März 1949 wurde die D-Mark alleiniges gesetzliches Zahlungsmittel in West-Berlin. Ende 1953 verzichtete man dann auch auf die besondere Kennzeichnung der Berliner D-Mark, die »Bärenmark« verschwand. Für viele, die im einen Teil der Stadt arbeiteten, aber im anderen lebten, blieben die Probleme jedoch. Über ein kompliziertes System wurde in West-Berlin sichergestellt, daß sie einen Teil ihres Geldes in der jeweils anderen deutschen Währung erhielten.

Zwei wichtige Dinge waren durch den Währungsstreit geschehen. Zum einen war Berlin mittels der unterschiedlichen Währungen gespalten worden, zum anderen hatte die Alliierte Kommandantur aufgehört zu bestehen. Bereits am 16. Juni 1948 hatte der sowjetische Vertreter die Kommandantur unter Protest verlassen. Am 1. Juli 1948 erklärte die Sowjetunion die Alliierte Militärkommandantur für aufgelöst und die Viermächte-Verwaltung Berlins für beendet. Die Westmächte schlossen sich dieser Auffassung jedoch nicht an und legten nach einer halbjährigen Denkpause fest, daß die Kommandantur auf Dreimächte-Basis weiterarbeiten werde. Zwar erkannte man an, daß man Entscheidungsgewalt nur noch im Westteil Berlins habe, aber die Sowjets blieben aufgefordert, zur gemeinsamen Arbeit zurückzukehren. Bis dahin wertete man die Abwesenheit des sowjetischen Vertreters als Stimmenthaltung. Hätte man sie als Gegenstimme gewertet, was politisch der Sache sicherlich näher gekommen wäre, wären keine Beschlüsse, die ja die Einstimmigkeit voraussetzten, mehr möglich gewesen. Und während in der Kommandantur die Bilder der westalliierten Kommandanten stets ausgetauscht wurden, wenn einer ging und ein neuer kam, blieb das Photo von Generalmajor Alexander Kotikow, dem letzten Vertreter der UdSSR, über die Jahrzehnte an seinem Platz.

Die Währungsreform in den Westzonen und Westsektoren zum Vorwand nehmend, versuchten die Sowjets nun, die Westalliierten aus der Stadt zu drängen. Das Mittel dazu war die Blockade der Zufahrtswege in die Westsektoren zu Lande und zu Wasser. Da jeder Sektor aus der entsprechenden Besatzungszone in Deutschland versorgt werden sollte, bedeutete diese Blockade die Erpressung der Westalliierten mit dem Hunger der West-Berliner.

Die abschließende Geschichte der sowjetischen Außenpolitik ist noch zu schreiben. Vermutlich wird sie jedoch die Blockade Berlins als einen der ganz großen Mißerfolge bezeichnen. Die Westalliierten waren anfangs nämlich durchaus kleinlaut. Sie sahen wenig Möglichkeiten, 2,4 Millionen Bürger zu versorgen, ohne die gesperrten Zufahrtswege für Lastwagen, Züge und Schiffe benutzen zu können. Sie stimmten daher sogar einer Einbeziehung West-Berlins in den Währungsbereich der Ostmark zu. Dies hätte längerfristig mit Sicherheit die Integration West-Berlins in die sowjetische Besatzungszone, also die spätere DDR bedeutet. Lediglich bei zweitrangigen Fragen gab es noch Dissens

Täglich 5 Gramm Käse: Die Berliner Blockade

Am härtesten trifft die Berliner die karge Versorgung mit Lebensmitteln. Es mangelt weniger an den Grundnahrungsmitteln als an frischem Obst, Gemüse und Fleisch. Die meisten Berliner gehören zur Lebensmittelkartengruppe III. Ihre tägliche Ration besteht aus:
400 Gramm Brot, 50 Gramm Nährmittel, 40 Gramm Fleisch, 30 Gramm Fett, 40 Gramm Zucker, 400 Gramm Trockenkartoffeln, 5 Gramm Käse. ...
Im Winter 1948/49 stehen pro Person nur 12,5 kg Holz, Kohlen oder Kohleersatz zur Verfügung. ...
In der Vorweihnachtszeit trifft eine große Menge von Geschenken in der Stadt ein: Die Stanford-Universität in Kalifornien schickt zehn t Winterkleidung für die Studenten der Freien Universität. ... Hinzu kommen über 200 000 Care-Pakete, die private Personen aus aller Welt stiften.
Berühmt wird der »Schokoladenflieger« Leutnant Gail Halverson. In seiner Freizeit stellt er winzige Fallschirme aus Taschentüchern her, behängt sie mit Süßigkeiten und wirft sie beim Landeanflug aus dem Flugzeug. Schon nach wenigen Tagen stehen Tausende von Kindern erwartungsvoll am Tempelhofer Flughafen. Es bilden sich Clubs, die Süßigkeiten und Taschentücher sammeln und Zehntausende von kleinen Fallschirmen herstellen. Zu Weihnachten wird der »Schokoladenflieger« mit über 4000 Dankbriefen überschüttet.
Die Berliner wollen aber nicht nur Dankbriefe schreiben. Sie wollen mehr als immer nur nehmen, sie wollen etwas geben – aber was? Die Flieger bekommen kuriose Geschenke: kleine, geschnitzte Flugzeuge, historische Stiche, von Kindern gemalte Bilder und vieles mehr. Ein Berliner offeriert »freie Massagen für alle Flieger, die mit müden und steifen Rücken in Berlin ankommen«. Das am Beginn der Blockade von Skepsis geprägte Verhältnis zwischen den Westmächten und den West-Berlinern weicht gegenseitigem Respekt und Freundschaft.

zwischen den Vertragsparteien. Die Sowjets schätzten ihre Position als so stark ein, daß sie glaubten, sich eine harte Haltung leisten und auch bei den letzten Details unnachgiebig sein zu können. Millionen West-Berliner haben allen Grund, ihnen diese Fehleinschätzung zu danken. Mittlerweile hatte nämlich in den westlichen Hauptstädten ein Nachdenken eingesetzt, aufgerüttelt auch durch die Appelle des Sozialdemokraten Ernst Reuter. »Völker der Welt, schaut auf diese Stadt«, rief er vor Hunderttausenden aus. Der Militärgouverneur der amerikanischen Besatzungszone, General Lucius D. Clay, organisierte eine Luftbrücke, um die Bevölkerung zu versorgen. Er selbst glaubte nicht an den Erfolg dieser Maßnahme, sondern wollte seiner Regierung damit vor Augen führen, daß eine Lösung jenseits militärischen Eingreifens unmöglich war. Entgegen den Erwartungen des Vaters der Luftbrücke funktionierte diese jedoch. Nach Anfangsschwierigkeiten gelang es der aus Briten und Amerikanern bestehenden Combined Airlift Task Force, die Bevölkerung mit allem Nötigen, darunter auch und vor allem mit Kohle, zu versorgen. Das Überleben der Bevölkerung konnte so gesichert werden. Die Kosten der Luftbrücke wurden von den Westalliierten und den Westdeutschen getragen, die Transportkosten gingen voll zu Lasten der Siegermächte. In den Westzonen wurde eine Sondersteuer »Notopfer Berlin« erlassen, deren Aufkommen monatlich zwischen 25 und 40 Mio. DM betrug. Die Produktion der Berliner Unternehmen wurde durch die Abschnürung natürlich in Mitleidenschaft gezogen, die Arbeitslosigkeit stieg um 250 Prozent auf 15 Prozent der Erwerbstätigen. Aber in eingeschränktem Maße arbeiteten die Firmen weiter. »Made in blockaded Berlin« wurde zum Markenzeichen der Berliner Produkte und zum Symbol für den Durchhaltewillen der Stadt. Als die Sowjets den West-Berlinern anboten, sich im Ostteil der Stadt eine Lebensmittelkarte ausstellen zu lassen, zeigten die ihnen trotz des Hungers die buchstäblich kalte Schulter. Über 95 Prozent der Bevölkerung sagten »nein« zu der sowjetischen Offerte, weniger als 5 Prozent, vor allem Grenzgänger, nahmen sie an. Im Mai 1949 gaben die Sowjets die Blockade auf. Sie hatten exakt das Gegenteil dessen erreicht, was sie durch diese Erpressung angestrebt hatten. West-Berlin war weiter denn je von einer Einbindung in den Osten entfernt, die Westalliierten blieben in Berlin, sie wurden von den West-Berlinern nicht nur als Schutzmächte bezeichnet, sondern tatsächlich auch als solche angesehen. Die Deutschen waren durch diese Blockade der Stadt eindeutig ins westliche Lager gerückt und sahen in den Sowjets ihre Gegner. Politisch war die Blockade die Geburt einer NATO mit westdeutscher Beteiligung, denn sie zeigte den Deutschen, daß es vorteilhafter war, Mitglied zweiter Klasse eines westlichen Verteidigungsbündnisses zu sein, als das sowjetische Werben zu erhören. Und bis 1990 lebten die West-Berliner nach dem Motto: Lieber von den Amerikanern besetzt als von den Sowjets befreit.

Während der Blockade setzte die Sowjetunion in Ost-Berlin eine eigene Stadtregierung mit Friedrich Ebert, dem Sohn des früheren Reichspräsidenten, als Oberbürgermeister ein. Dieses Ereignis ist als »Stadthausputsch« in die Geschichte eingegangen. Zwar ließ dieser Magistrat sich durch eine pseudodemokratische Massenveranstaltung im Admiralspalast bestätigen und erhob den Anspruch, für ganz Berlin zuständig zu sein, aber sein tatsächlicher Wirkungsbereich war klar. Vorher schon war der gewählte Magistrat aus dem Bezirk Mitte nach West-Berlin gezogen, nachdem deutlich wurde, daß die Ost-Berliner Polizei und die sowjetischen Soldaten nicht bereit waren, die gewählten Repräsentanten gegen Angriffe eines organisierten Pöbels zu schützen. Nach einem kurzen Zwischenstop in Charlottenburg nahmen der Magistrat und die Stadtverordnetenversammlung ihren Sitz im Rathaus des Bezirks Schöneberg.

Völker der Welt, schaut auf diese Stadt!

... Wenn heute dieses Volk von Berlin zu Hunderttausenden hier aufsteht, dann wissen wir, die ganze Welt sieht dieses Berlin. Denn verhandeln können hier schon nicht mehr die Generale, verhandeln können schon nicht mehr die Kabinette. Hinter diesen politischen Taten steht der Wille freier Völker, die erkannt haben, daß hier in dieser Stadt ein Bollwerk, ein Vorposten der Freiheit aufgerichtet ist, den niemand ungestraft preisgeben kann. ...
Wer diese Stadt, wer dieses Volk von Berlin preisgeben würde, der würde eine Welt preisgeben, noch mehr, er würde sich selber preisgeben, und er würde nicht nur dieses Volk von Berlin preisgeben in den Westsektoren und im Ostsektor Berlins. Nein, wir wissen auch, wenn sie nur könnten, heute stünde das Volk von Leipzig, von Halle, von Chemnitz, von Dresden, von all den Städten der Ostzone, so wie wir auf ihren Plätzen und würde unserer Stimme lauschen. ....
Ihr Völker der Welt, ihr Völker in Amerika, in England, in Frankreich, in Italien! Schaut auf diese Stadt und erkennt, daß ihr diese Stadt und dieses Volk nicht preisgeben dürft und nicht preisgeben könnt! Es gibt nur eine Möglichkeit für uns alle: gemeinsam so lange zusammenzustehen, bis dieser Kampf gewonnen, bis dieser Kampf endlich durch den Sieg über die Feinde, durch den Sieg über die Macht der Finsternis besiegelt ist. Das Volk von Berlin hat gesprochen. Wir haben unsere Pflicht getan, und wir werden unsere Pflicht weiter tun. Völker der Welt! Tut auch ihr eure Pflicht und helft uns in der Zeit, die vor uns steht, nicht nur mit dem Dröhnen eurer Flugzeuge, nicht nur mit den Transportmöglichkeiten, die ihr hierherschafft, sondern mit dem standhaften und unzerstörbaren Einstehen für die gemeinsamen Ideale, die allein unsere Zukunft und die auch allein eure Zukunft sichern können. Völker der Welt, schaut auf Berlin! Und Volk von Berlin, sei dessen gewiß, diesen Kampf, den wollen, diesen Kampf, den werden wir gewinnen!

Diese Rede hielt Oberbürgermeister Ernst Reuter, auf der Kundgebung vor dem Reichstagsgebäude am 9. September 1948.

Der Status von Berlin als gemeinsam von den vier Siegermächten des Zweiten Weltkriegs verwaltete Stadt machte leidlich Sinn, solange ganz Deutschland von den Siegermächten regiert wurde. Als aber die beiden deutschen Staaten gegründet wurden, entwickelte sich die Lage Berlins zum Problem. Der Versuch der Sowjetunion, dieses durch die Einbeziehung West-Berlins in ihren Herrschaftsbereich zu lösen, war gescheitert, die Viermächte-Verwaltung für Berlin als Ganzes hatte faktisch aufgehört zu bestehen (und existierte im wesentlichen in Symbolen wie Patrouillenfahrten im jeweils anderen Sektor fort).

Das Grundgesetz für die Bundesrepublik Deutschland listete 1949 in Artikel 23 die Bundesländer auf und faßte darunter auch »Groß-Berlin«. Die Verfassung der DDR aus dem Jahr 1949 definierte Berlin als »Hauptstadt der Republik«. Tatsächlich verweigerten die Alliierten jedoch eine Einbeziehung West- bzw. Ost-Berlins in den jeweiligen deutschen Staat, die Westalliierten dauerhaft, die Sowjets anfangs.

Die Westmächte legten im Genehmigungsschreiben zum Grundgesetz fest, daß Berlin keine stimmberechtigte Teilhabe an Bundesrat und Bundestag erhalten und nicht vom Bund regiert werden dürfe. In ihrem Genehmigungsschreiben zur Berliner Verfassung, die faktisch die West-Berliner Verfassung war, wurden sie noch deutlicher und bestimmten, daß Berlin »keine der Eigenschaften eines zwölften Bundeslandes besitzen wird«. (Die Bundesrepublik bestand zum damaligen Zeitpunkt ohne Berlin aus 11 Ländern, da das Saarland noch nicht zu ihr gehörte und anstelle des heutigen Baden-Württemberg drei Länder existierten.) Diejenigen Artikel der Berliner Verfassung, die bestimmten, daß Berlin ein Land der Bundesrepublik Deutschland sei und das Grundgesetz sowie die Gesetze der Bundesrepublik für Berlin bindend seien, wurden von den Alliierten »zurückgestellt«. Tatsächlich dauerte diese

Zurückstellung bis zum 3. Oktober 1990. Erst dann, am Tag der deutschen Vereinigung, endete der Sonderstatus von Berlin. Damit erloschen auch die Befugnisse der Alliierten Kommandantur.

Keine Einwände hatten die Westalliierten dagegen, daß Berlin im Bundestag und Bundesrat durch Abgeordnete vertreten wurde, die allerdings kein Stimmrecht hatten. Die Berliner Mitglieder des Deutschen Bundestages wurden auch nicht direkt gewählt, sondern vom Abgeordnetenhaus nach Fraktionsstärke bestimmt. Bis zum Mauerbau gehörten so dem Bundestag auch zwei (vom West-Berliner Abgeordnetenhaus gewählte) Ost-Berliner an, darunter der spätere Innensenator Neubauer. Und als Hans-Jochen Vogel in den achtziger Jahren die Opposition im Deutschen Bundestag führte, hatte er dort kein Stimmrecht, da er Berliner Abgeordneter war.

Einverstanden waren die Alliierten auch damit, daß Berlin die Gesetze der Bundesrepublik Deutschland übernahm. Automatisch (wie in Bayern oder in Hessen) galten die Gesetze jedoch nicht, sie mußten einzeln noch einmal beschlossen werden.

Durch ein Bundesgesetz, das sogenannte Dritte Überleitungsgesetz von 1952, war Berlin verpflichtet, die Gesetze der Bundesrepublik Deutschland zu übernehmen, sofern die Alliierten dies zuließen. Dabei gab es in Berlin zwischen den Parteien den Grundsatz, daß die Schlacht über ein Bundesgesetz in Bonn geschlagen werde und daß auch die Parteien, die im Bundestag gegen das Gesetz gestimmt hatten, für seine Übernahme votierten. Als die 1981 erstmals ins Abgeordnetenhaus von Berlin (West) eingezogene Alternative Liste forderte, man müsse vor einer Übernahme von Bundesgesetzen prüfen, ob diese auch im Interesse Berlins seien, und sie gegebenenfalls nicht übernehmen, war dies ein Tabubruch, dem sie abschwören mußte, bevor die SPD 1989 eine Koalition mit ihr einging.

Gesetze, die Sicherheit und Ordnung betrafen, durften

nicht auf Berlin ausgedehnt werden. Hier waren die Alliierten weiterhin direkt zuständig. Bis zur Vereinigung Berlins und Deutschlands waren die Dienstausweise der Polizei viersprachig (nämlich auf deutsch und in den drei Sprachen der vier Siegermächte), und der vom Abgeordnetenhaus gewählte Polizeipräsident bedurfte der Zustimmung der Alliierten Kommandantur.

Das Dritte Überleitungsgesetz hatte trotz seines prosaischen Namens für Berlin große Bedeutung. Es regelte nämlich nicht nur die Rechtseinheit zwischen dem Bund und Berlin (West), sondern schrieb auch die Verpflichtung der Bundesrepublik fest, West-Berlin finanziell zu unterstützen. Tatsächlich kamen in den Jahren der Teilung über 50 Prozent des Berliner Landesetats als »Bundeshilfe« aus dem Topf des Bundesfinanzministers.

Die DDR-Verfassungsbestimmung über Berlin rief am Anfang keinen Protest hervor. Dies lag daran, daß die SED die Verfassung als gesamtdeutsche vorgeschlagen hatte. Daß in einer gesamtdeutschen Konstitution Berlin als Hauptstadt genannt wurde, war selbstverständlich. Mit Gründung der DDR wurde die Verfassung dann für die sowjetische Besatzungszone in Kraft gesetzt – damit war unversehens Berlin zur Hauptstadt der DDR geworden. Es dauerte jedoch einige Jahre, bis die Sowjetunion die tatsächliche politische Einbeziehung Ost-Berlins in die DDR zuließ. Erst 1958, also fast zehn Jahre nach Gründung des zweiten deutschen Staates, bezeichnete sie (in einer Note an den UNO-Generalsekretär) Berlin erstmals offiziell als Hauptstadt der DDR.

Die Jahre zwischen administrativer Teilung und Mauerbau waren eine wilde Zeit. Immer wieder kam es zu Zwischenfällen an der Sektorengrenze, die schon bestand, aber nicht unüberwindlich war. Der Staatssicherheitsdienst der DDR ließ mißliebige Personen aus West-Berlin entführen und sperrte sie in Ost-Berlin ein. 1954 verschwand sogar Otto John, der Präsident des westdeutschen Verfassungsschutzes, um in Rundfunk und Fernsehen der DDR als Kronzeuge gegen den westlichen Imperialismus wieder aufzutauchen. Er kam nach zwei Jahren in die Bundesrepublik Deutschland zurück, wo er wegen Landesverrats angeklagt und verurteilt wurde. Die Umstände seines Verschwindens sind bis heute nicht einwandfrei aufgeklärt.

Politisch hatten sich beide Teilstädte gefestigt, ohne daß man ihre Situation wirklich stabil hätte nennen können. In Ost-Berlin amtierte Oberbürgermeister Ebert mit seinem Magistrat, dem formell alle in der DDR vorhandenen Parteien und einige Massenorganisationen angehörten, bis 1967. Dann wurde er von dem bisherigen Bezirksbürgermeister von Köpenick, Herbert Fechner, abgelöst, der wiederum 1974 Erhard Krack Platz machte. Krack übte diese Funktion bis 1990 aus, als die erste demokratische Wahl im Ostteil Berlins seit 1946 ihn in den Ruhestand beförderte. Bis zu diesem Zeitpunkt waren die Veränderungen im Magistrat und im Amt des Oberbürgermeisters nicht mit politischen Richtungsänderungen verbunden. Eine solche war vielmehr 1953 von unten versucht worden – und sie erschütterte nicht nur Ost-Berlin, sondern die gesamte DDR.

Diktaturen sind immer dann besonders gefährdet, wenn ihr Druck nachläßt oder nicht mehr eindeutig ist. Eine solche Situation ergab sich in der DDR (aber nicht nur dort) nach dem Tod Josef Stalins im März 1953. In der Sowjetunion tobte ein Machtkampf um die Nachfolge des Georgiers. Alle in der Führung der SED warteten gespannt, wer sich in Moskau schließlich durchsetzen würde. So lange galt es, möglichst wenig aufzufallen und vor allem nicht auf das falsche Pferd zu setzen. Walter Ulbricht vollzog eine Schaukelpolitik, die im Land schnell als das erkannt wurde, was sie war: Unsicherheit. Nach einigen demonstrativen Maßnahmen zur Verschärfung des politischen Kurses, wie der Erhöhung der Lebensmittelpreise, der Ausrufung der »Diktatur des Proletariats« als Ziel der SED-Politik und einer Erhöhung der Arbeitsnormen um mindestens 10%, beschloß das Politbüro, das höchste Organ der SED, am 9. Juni eine Milderung des Kurses. Die Normerhöhung war dabei jedoch nicht erwähnt und mithin auch nicht zurückgenommen. Hiergegen formierte sich nun der Widerstand der Arbeiter, ausgelöst von Bauarbeiterdemonstrationen am 15. und 16. Juni 1953. Das Politbüro der SED war von der Bildfläche verschwunden (und saß bei den Sowjets in Karlshorst, wie man später erfuhr), aber die Regierung war bereit, mit den Arbeitern zu reden. Sie schickte den politisch recht unbedeutenden Industrieminister Fritz Selbmann an die Front, der sich jedoch gegen die Sprechchöre der zehntausend Demonstranten, die ihre Verhandlungsdelegation zum Haus der Ministerien, dem ehemaligen Göring-Ministerium, begleitet hatten, nicht durchsetzen konnte. Selbmann gab die Rücknahme der Normerhöhung bekannt. Die Annahme, man könne damit den Protest ersticken und so weiter machen wie bisher, war allerdings irrig. Im Gegenteil: Die Aufhebung der Normerhöhung beruhigte nicht etwa die Gemüter, sondern sie schien zu zeigen, daß man, wenn man nur kräftig genug auftrete, auch weitergehende Ziele erreichen könne. Der Protest politisierte sich zunehmend. Die Demonstranten riefen nicht mehr »Weg mit der Normerhöhung!«, sondern »Nieder mit Grunzewohl und der sibirischen Ziege« (gemeint waren Ministerpräsident Grotewohl und Walter Ulbricht), »Spitzbart, Bauch und Brille sind nicht des Volkes Wille« (was ebenfalls gegen Ulbricht ging) und »Pankow pleite – neue Leute – noch heute«, schließlich »Wir fordern freie Wahlen!« Die Arbeiter riefen für den nächsten Tag, den 17. Juni, zum Generalstreik auf. Über den RIAS Berlin, den Rundfunk im amerikanischen Sektor, wurde eine Resolution verbreitet, die so in der gesamten DDR zur Kenntnis genommen werden konnte. Zwar ermahnte im gleichen Sender der bundesdeutsche Minister für Gesamtdeutsche Fragen, Jakob Kaiser, am Abend des 16. Juni die DDR-Bürger, »sich weder durch Not noch durch Provokationen zu unbedachten Handlungen hinreißen zu lassen«, aber der Funke hatte gezündet. Außer in Ost-Berlin kam es in circa 270 Städten der DDR zu Streiks, an denen sich mehrere hunderttausend Arbeiter beteiligten. Neben Ost-Berlin war vor allem das mitteldeutsche Industrierevier Halle-Leipzig-Merseburg ein Schwerpunkt der Auseinandersetzungen. Dort übernahmen in einigen Orten sogar Streikkomitees der Arbeiter die örtliche Macht und befreiten Gefangene. Daß unter diesen eine KZ-Kommandantin gewesen sei, wie der Berliner Schriftsteller Stephan Hermlin zur Freude der DDR-Führung in seiner Erzählung »Die Kommandeuse« beschrieb, ist allerdings Fiktion wie so manches in Hermlins Darstellungen.

In den Mittagsstunden verhängten die sowjetischen Militärs über Ost-Berlin und die DDR den Ausnahmezustand und setzten Truppen und Panzer ein, um den Aufstand niederzuschlagen. In manchen Städten zogen sich die Auseinandersetzungen noch bis zum 18. oder gar 19. Juni hin. Es gab Tote und Verletzte. Nach der Rückkehr aus ihrem Karlshorster Versteck hielt die SED-Führung Strafgericht. Das prominenteste der über 1400 Opfer des DDR-Justizapparates wurde der bisherige Justizminister Max Fechner. Dieser, aus der SPD in die SED gekommen, hatte sich öffentlich zum Streikrecht bekannt und damit nach Auffassung von Ulbricht und seinen Genossen die »Konterrevolution« unterstützt.

Lehren aus dem 17. Juni zog die SED-Führung nicht, wenn man davon absieht, daß sie die »Betriebskampfgruppen« ins Leben rief, eine der Partei ergebene Arbeitermiliz, die dann acht Jahre später beim Mauerbau ihren großen Tag hatte. Statt die eigene Politik kritisch zu hinterfragen, wurde alle Schuld dem Westen zugeschoben: Dieser habe die armen, unschuldigen Arbeiter aufgewiegelt und durch Provokateure angeleitet.

Tatsächlich hatte sich der Westen stark zurückgehalten. Vor allem die Alliierten hatten Angst vor einer Eskalation der Ereignisse, die nicht mehr beherrschbar wäre. So wurde den Bauarbeitern verwehrt, im Sender direkt zu sprechen, später durfte das Wort »Generalstreik« im RIAS nicht mehr verwendet werden. Dem Regierenden Bürgermeister Ernst Reuter, der zu einer Tagung in Wien war, verweigerten die Amerikaner einen Platz in einer Militärmaschine, mit der er schnell nach Berlin hätte zurückkehren können. Eine von ihm auf russisch vorbereitete Rede an die Sowjetsoldaten, die lediglich die Aufforderung enthielt, nicht auf unbewaffnete Deutsche zu schießen, durfte im RIAS nicht gesendet werden.

Die Haltung des Westens enttäuschte viele Menschen in Ost-Berlin und in der DDR. Genau das war aber auch der Sinn der Maßnahmen. Man wollte nicht die Erwartung wecken, die Westmächte oder gar die Bundesrepublik könnten in diesen Konflikt eingreifen – eine Erwartung, die sich schnell als Illusion entpuppt hätte.

Jedes tragische Ereignis hat seine lächerlichen Aspekte. Der stellvertretende Ministerpräsident und Ost-CDU-Vorsitzende Otto Nuschke wurde von aufgebrachten Demonstranten an der Oberbaumbrücke mit seinem Auto kurzerhand in den Westen geschoben. Dort gab er dem RIAS ein Interview, in dem er die Lage in Ost-Berlin als »günstig« einstufte und von den Sowjetpanzern sagte, sie hätten »nur gleichfalls demonstriert«. Anschließend fuhr er nach Ost-Berlin zurück, wo er weitere vier Jahre in der Regierung diente.

In West-Berlin vollzog sich das politische Leben auf der Basis der 1948 noch vom Gesamt-Berliner Stadtparlament verabschiedeten Verfassung von Berlin, die im Ostteil allerdings nie in Kraft trat. Für West-Berlin wurde 1950 eine modifizierte Verfassung angenommen, die offiziell allerdings auch den Anspruch erhob, die »Verfassung von Berlin« zu sein. Die Provisorische Verfassung sah Wahlen nach zwei Jahren, also 1948, vor, die im Ostteil jedoch unterbunden wurden. Im Westteil der Stadt erhielt die SPD bei dieser Wahl 64,5 Prozent. Die CDU und die Liberal-Demokratische Partei lagen mit 19,4 Prozent bzw. 16,1 Prozent fast gleichauf. Trotz der klaren Mehrheit der Sozialdemokraten bestand die Allparteienkoalition (nunmehr allerdings ohne die SED) bis zum Tod Ernst Reuters Ende September 1953 weiter.

Seit den Wahlen 1950 verfügten die Sozialdemokraten allerdings auch nicht mehr über die absolute Mehrheit. So wurde es nach dem Tod Reuters möglich, daß der Christdemokrat Walther Schreiber mit einer CDU/FDP-Koalition Stadtoberhaupt wurde. Seit 1950 hieß diese Position nicht mehr »Oberbürgermeister«, sondern »Regierender Bürgermeister von Berlin«, der bisherige Magistrat führte den Titel »Senat von Berlin«, die Stadtverordnetenversammlung wurde zum »Abgeordnetenhaus von Berlin«.

Bei den Wahlen Ende 1954 erlangte die SPD wieder eine absolute Mehrheit der Sitze. Der Senat wurde auf der Basis einer Großen Koalition von SPD und CDU durch Otto Suhr gebildet, der bis zu seinem Tod im August 1957 amtierte. Suhr war vorher Präsident des Abgeordnetenhauses gewesen. In diese Funktion war ihm Willy Brandt nachgefolgt, der nun, nach Suhrs Tod, Regierender Bürgermeister wurde. Brandt bekleidete dieses Amt in wechselnden Koalitionen, bis er 1966 Außenminister und Vizekanzler der Bundesrepublik Deutschland wurde.

Berlin war auch nach dem »Stadthausputsch« vom 30. November 1948 physisch eine Stadt, aber die Teilung verfestigte sich. Ende 1948 gab es nicht nur zwei Verwaltungen und zwei Währungen, es gab auch zwei Universitäten. Um dem Druck an der Humboldt-Universität im Ostteil der Stadt zu entgehen, hatten Professoren und Studenten 1948 die Freie Universität Berlin gegründet. Angehörige der jungen Generation werden sich vielleicht gelegentlich wundern, daß in mehreren Bezeichnungen und Eigennamen das Wort »frei« auftaucht – es ist ein sicherer Hinweis auf eine Gründung in der Zeit des Kalten Krieges. Der RIAS Berlin meldete sich regelmäßig mit dem Zusatz »Eine freie Stimme der freien Welt«; und der öffentlich-rechtliche Rundfunksender in Berlin trägt den Namen »Sender Freies Berlin«.

Seine Gründung reicht zurück bis in die Zeit der Blockade, wurde aber erst 1953 vollzogen. Nachdem die Sowjets das Gebäude des in den Ostteil verlagerten Berliner Rundfunks in der Masurenallee freigegeben hatten, fand der SFB dort (bis heute) sein Domizil.

Beide Teile der Stadt gestalteten die Lebensbedingungen gemäß ihren Möglichkeiten und politischen Zielsetzungen. Im Zentrum stand natürlich der Wiederaufbau. Nicht nur die städtischen Infrastruktureinrichtungen waren wiederherzustellen, vor allem mußten Wohnungen entstehen. Neben vielen schmucklosen Zweckbauten, die typisch für die 50er Jahre sind, wurden auf beiden Seiten auch Renommierprojekte verwirklicht: im Osten war dies der Ausbau der Karl Marx-Allee (vorher: Stalinallee), im Westen das im Tiergarten gelegene Hansa Viertel. Diese beiden Wohnprojekte machten den Unterschied zwischen den beiden Teilen der Stadt und den hinter ihnen stehenden politischen Systemen exemplarisch deutlich: hier ein einheitlich gestaltetes Großprojekt ohne individuelle Merkmale (aber mit einem beachtlichen Komfort für die damalige Zeit, vor allem für die ins Auge gefaßte Mietergruppe, die Arbeiter), dort eine Ansammlung von Häusern profilierter in- und ausländischer Architekten ohne inneren Zusammenhang. (»Primadonnen ohne Regisseur«, urteilte ein Kritiker über das Hansa-Viertel und seine Architekten.)

In West-Berlin sah man die kritische Lage der Teilstadt durchaus. Zwar war sie durch die Westalliierten militärisch geschützt und durch die Bundesrepublik Deutschland wirtschaftlich eingebunden, aber die Gefahr der geistigen und ökonomischen Austrocknung war dadurch nicht gebannt. So wurde in West-Berlin viel unternommen, um die Ausstrahlung der Stadt zu verstärken. Ein Ergebnis dieses Bemühens waren die Internationalen Filmfestspiele Berlin, die 1951 zum ersten Mal stattfanden. Nachdem sie auch in den beiden folgenden Jahren erfolgreich durchgeführt worden waren, beschloß das Abgeordnetenhaus von Berlin 1953, sie zu einer ständigen Einrichtung zu machen. Seit 1956 sind die Festspiele eines von weltweit drei A-Festivals (neben Cannes und Venedig) mit dem Recht, eine internationale Jury einzusetzen und Preise zu verleihen. Ebenfalls seit 1951 gibt es die Berliner Festwochen, die die Stadt als Kulturmetropole profilieren und gleichzeitig Auskunft über die internationale künstlerische Entwicklung geben. Mittlerweile sind die Filmfestspiele, die Festwochen und weitere Veranstaltungsreihen im Rahmen der Berliner Festspiele organisiert. Ebenfalls seit 1951 findet die Grüne Woche, die größte Nahrungsgütermesse der Welt, wieder in Berlin statt.

In Ost-Berlin wurden 1951 die Dritten Weltfestspiele der Jugend und Studenten durchgeführt. Zwar standen sie im Zeichen kommunistischer Propaganda, doch sie wurden von zwei Millionen Jugendlichen aus beiden deutschen Staaten sowie von 26000 Delegierten aus über einhundert Ländern besucht. Für Ost-Berlin war dies die erste Möglichkeit, sich als »Hauptstadt der DDR« der internationalen Öffentlichkeit zu präsentieren. Allerdings konnten die Veranstalter nicht verhindern, daß viele Besucher die Chance für einen Ausflug in den Westteil der Stadt nutzten.

Dennoch: Trotz der vielen Ost-Berliner, die im Westen arbeiteten, und trotz der zahlreichen menschlichen Bindungen entfernten sich die beiden Teile Berlins voneinander. Oftmals waren es kleine Zeichen, die die zunehmende Distanz deutlich machten. So enthielt das amtliche Fernsprechbuch West-Berlins seit 1953 die Ost-Berliner Anschlüsse nicht mehr. Der durchgehende Straßenbahnverkehr zwischen den beiden Teilen der Stadt wurde ebenfalls 1953 eingestellt. Grund: die West-Berliner BVG weigerte sich, Ost-Berliner Züge einfahren zu lassen, die von einer Fahrerin gesteuert wurden. Man fürchtete um die Verkehrssicherheit, weil Frauen dieser Aufgabe nicht gewachsen seien. Im selben Jahr fiel in West-Berlin der Beschluß, die Straßenbahn abzuschaffen und sie durch Busse sowie die auszubauende U-Bahn zu ersetzen. Diese Entscheidung, die man für sehr fortschrittlich hielt, wurde in späteren Jahrzehnten sehr bereut, als man nämlich feststellte, daß die Straßenbahn das kostengünstigste Verkehrsmittel ist. Seit der Vereinigung Berlins gibt es zaghafte Projekte, die Straßenbahn im Westen wieder einzuführen, vor allem durch Weiterführung der Ost-Berliner Linien.

Als 1955 der Deutschlandvertrag unterzeichnet wurde, mit dem die Bundesrepublik Deutschland die Souveränität erlangte und gleichzeitig ins westliche Militärbündnis einbezogen wurde, wurde darin auch der Luftverkehr von und nach Berlin geregelt, der nach wie vor den Alliierten unterstehen sollte. Mit der Lufthansa konnte man bis 1990 überallhin fliegen, nicht jedoch nach Berlin. Bis zur Vereinigung war der Flugverkehr alliierten Fluggesellschaften vorbehalten. Die Luftkorridore sowie die Luftkontrollzone Berlin, die sich in einem Radius von 32 km um die alliierte Luftsicherheitszentrale im Kontrollratsgebäude in Berlin-Schöneberg erstreckte, waren bereits 1945 zwischen den Siegermächten vereinbart worden. Sie waren die einzigen von der Sowjetunion nicht kontrollierten Verkehrswege nach Berlin. 1959 ordnete die Sowjetunion einseitig eine maximale Flughöhe von rund 3000 Metern in den Korridoren an. Die Westalliierten wiesen diese Anordnung zurück, hielten sich aber daran. Berlin-Flieger wußten: Wenn ihnen auf dem Weg von Berlin der Kaffee entgegenrutschte, verließ das Flugzeug den Luftkorridor, man hatte den Überflug über die DDR beendet. Gelegentlich kam es in den Luftkorridoren zu Zwischenfällen und Behinderungen durch die Sowjetunion. Im März 1953 schossen die Sowjets gar ein britisches Militärflugzeug im Luftkorridor ab. Die siebenköpfige Besatzung fand den Tod; der sowjetische Oberkommandierende Tschuikow bedauerte den Vorfall in einer Weise, als habe es sich um einen Verkehrsunfall mit Blechschaden gehandelt.

Der Aufstand des 17. Juni 1953 hatte in der DDR ironischerweise zur Festigung der Position Walter Ulbrichts geführt. Die sowjetische Vormacht meinte, sich nach dem Aufbegehren keine neuen Unsicherheiten leisten zu können und stützte daher den auch in Moskau ungeliebten Diktator mit dem Spitzbart. Der Sozialismus wurde weiter nach Ulbrichts Methode aufgebaut: einseitige Förderung der Schwerindustrie, möglichst knappe Ausgaben für die sozialen Belange der Bevölkerung (bis 1958 gab es Lebensmittelkarten) und gleichzeitige politische und kulturelle Unterdrückung. Trotz massiver Einschüchterung durch den Staatssicherheitsdienst der DDR artikulierte sich jedoch immer wieder offener Protest in Ost-Berlin. 1956 gärte es an der Humboldt-Universität, nachdem die Sowjetunion den Volksaufstand in Budapest niedergeschlagen hatte. In zahllosen Debatten wurden die Rücknahme stalinistischer Verfälschungen des Marxismus sowie Meinungsfreiheit gefordert. Einer der prominentesten Kritiker, Wolfgang Harich, wurde daraufhin im November 1956 verhaftet und zu zehn Jahren Zuchthaus verurteilt. Der Philosoph Ernst Bloch siedelte in den Westen über.

Das war immer noch eine Alternative: in den Westen zu gehen. Am 20. September 1956 gab der damalige Präsident des Abgeordnetenhauses, Willy Brandt, das Eintreffen des einmillionsten Flüchtlings aus Ost-Berlin und der DDR bekannt.

Nachdem er aus dem Machtkampf im Kreml als Sieger hervorgegangen war und die Ikone Stalin durch eine »Geheimrede« auf dem XX. Parteitag der KPdSU vom Sockel gestoßen hatte, ging Nikita Chruschtschow daran, die Deutschlandpolitik neu zu gestalten. Vor allem sollte das Schlupfloch Berlin geschlossen werden, um der DDR die Möglichkeit zu geben, sich zu stabilisieren. Als die Sowjets 1957 als erste einen unbemannten Satelliten in den Weltraum schossen (und damit ihre Fähigkeit unter Beweis stellten, amerikanisches Territorium mit Kernwaffen zu erreichen), erhielt Chruschtschow zusätzlich Auftrieb. Er fühlte sich nun stark genug, den Westmächten ein Ultimatum zu stellen. Im November 1958 forderte der sowjetische Partei- und Regierungschef, West-Berlin in eine entmilitarisierte Freie Stadt mit dem Status einer »Selbständigen Politischen Einheit« umzuwandeln. Sollten die Westalliierten darauf nicht eingehen, drohte er, der DDR die volle Souveränität auch in bezug auf Berlin und die Verkehrswege dorthin zu übertragen. Gleichzeitig erklärte er die Viermächte-Vereinbarungen über den Status von Berlin, die 1944 gemeinsam getroffen worden waren, für nichtig. Die Westmächte und die Bundesregierung, die allerdings gar nicht Adressat des Ultimatums war, wiesen die Forderungen und Drohungen zurück. Dennoch ließen sich die USA, Großbritannien und Frankreich auf Verhandlungen auf Außenministerebene ein, die im Sommer 1959 in Genf tatsächlich geführt wurden, jedoch ohne jedes Ergebnis. Die Sowjetunion drohte erneut, nunmehr einen separaten Friedensvertrag mit der DDR abzuschließen.

Der Gesprächsfaden zwischen den ehemaligen Kriegsverbündeten riß jedoch nicht ab. Im Sommer 1961 kam es in Wien zu einem Gipfeltreffen zwischen Chruschtschow und dem neuen US-Präsidenten John F. Kennedy. Bei dieser Begegnung prallten zwei Charaktere aufeinander, die unterschiedlicher kaum hätten sein können. Hier der bäuerliche und bauernschlaue kommunistische Parteitaktiker, der polternd und schimpfend versuchte, seine Gegner einzuschüchtern und seine Ziele zu erreichen (unvergessen die Szene, als er bei der Vollversammlung der Vereinten Nationen während einer Rede mit einem Schuh auf das Rednerpult klopfte, um seinen Worten Nachdruck zu verleihen), dort der kühle und jugendliche Oststaatenintellektuelle aus reichem Haus, der politische Probleme ruhig und analytisch anging.

Chruschtschow dachte offensichtlich, mit dem jungen Mann Schlitten fahren zu können. Er wurde jedoch schnell eines besseren belehrt. Kennedy definierte präzise die Schmerzgrenze, deren Überschreitung die USA hinzunehmen nicht bereit seien. Ein Jahr später sollte sich mit der Kuba-Krise ein solcher Showdown wiederholen. Kennedy verkündete für Berlin drei »essentials«, die tatsächlich von den Sowjets auch in Zukunft respektiert wurden: 1. das Recht der Westmächte auf Anwesenheit in West-Berlin, 2. das Recht auf Zugang durch Ostdeutschland und 3. die Verpflichtung, die Selbstbestimmung der West-Berliner über ihre Zukunft und die freie Wahl ihrer Lebensform zu gewährleisten und notfalls zu verteidigen.

Die Sowjets hatten die deutliche Sprache verstanden. Sie hatten aber auch gehört, worüber Kennedy nicht gesprochen hatte: nämlich die Freiheit der Ost-Berliner und der Ostdeutschen. Für diese konnten und wollten die USA nicht als Garantiemacht auftreten.

Wollten Chruschtschow und Ulbricht also ihr Problem, nämlich die ständige Abwanderung aus der DDR und Ost-Berlin lösen, mußten sie dies unter Berücksichtigung der Punkte tun, von denen Kennedy abzugehen nicht bereit war. Dies geschah an einem schönen Sommertag im Sommer 1961.

Die Mauerstadt

Als die Berliner am Sonntag, dem 13. August 1961, aufstanden und das Radio einschalteten oder einen Spaziergang unternahmen, erwartete sie eine Überraschung: Die Sektorengrenze war abgeriegelt. Mit Stacheldraht und durch Postenketten wurde die Grenze unpassierbar gemacht, der Mauerbau begann und damit eine neue Epoche in der Geschichte Berlins.

»Niemand hat die Absicht, eine Mauer zu errichten«, hatte Ulbricht auf einer Pressekonferenz im Juni 1961 verkündet. So mancher hatte da schon aufgehorcht. Daß etwas geschehen werde, erwarteten viele. Zu groß war die tägliche Zahl derer, die der DDR den Rücken kehrten und meistens über Berlin in den Westen flohen. Aber der Bau einer Mauer mitten durch die Stadt schien doch unvorstellbar.

In der Nacht vom 12. auf den 13. August 1961 hatte das Undenkbare dennoch begonnen. Unter dem Kommando des damaligen ZK-Sekretärs für Sicherheitsfragen und späteren Generalsekretärs der SED, Erich Honecker, zogen die nach dem 17. Juni 1953 gegründeten »Kampfgruppen der Arbeiterklasse« und Einheiten der Volkspolizei, unterstützt von der Nationalen Volksarmee der DDR und in der zweiten Linie gedeckt durch die Truppen der sowjetischen Streitkräfte, an der Sektorengrenze auf und riegelten sie ab. Anschließend begannen sie mit der Errichtung von Sperren, anfangs mit Stacheldrahtrollen und ähnlichem. Im zweiten Schritt wurde dann eine Mauer errichtet, die West- und Ost-Berlin voneinander trennte. Der direkte U- und S-Bahn-Verkehr zwischen Ost und West bzw. mit dem Umland wurde eingestellt. Mehrere nahe der Sektorengrenze gelegene S-Bahnhöfe und die an den Nord-Süd-Durchgangslinien durch den Ost-Sektor gelegenen U-Bahnhöfe wurden geschlossen, mit Ausnahme des U-Bahnhofs Stadtmitte, der allerdings nur noch nach einer Kontrolle betreten werden konnte. Der Bahnhof Friedrichstraße blieb als Grenzbahnhof geöffnet, der Zugang zu den nach Westen führenden Linien von U-, S- und Fernbahn wurde ebenfalls unter Kontrolle genommen.

An der Sektorengrenze kam es am 13. August zu einigen Zwischenfällen. Immer mehr West-Berliner zogen zum Ort des Geschehens. Sie griffen die Volkspolizisten und die Angehörigen der Betriebskampfgruppen verbal und auch tätlich an. Die West-Berliner Polizei mußte die Demonstranten zurückdrängen, sie warf aber auch Nebelbomben, um den Vopos das Schußfeld auf Flüchtende zu verdecken. Vor allem junge Menschen bildeten Gruppen, die auf die eine oder andere Weise Fluchthilfe leisteten. Erst Jahre später wurde dieses Feld vor allem von profitorientierten Kriminellen besetzt.

Walter Ulbricht, Erster Sekretär des Zentralkomitees der Sozialistischen Einheitspartei Deutschlands und Vorsitzender des Staatsrates der Deutschen Demokratischen Republik, brüstete sich einige Tage später im Fernsehen, es sei bei der Durchführung der Sperrmaßnahmen »weit weniger passiert als bei einer durchschnittlichen Rock-and-Roll-Veranstaltung im West-Berliner Sportpalast«.

Ost-Berliner und DDR-Bürger konnten seit dem 13. August 1961 nicht mehr legal in den Westen kommen. Aber trotz intensiver und generalstabsmäßiger Vorbereitung der Aktion war es unmöglich, eine Millionenstadt über Nacht auseinanderzureißen. In der ersten Zeit gelang täglich Hunderten die Flucht. Sie übersprangen die Stacheldrahtrollen, schwammen durch die Kanäle oder die Spree, nutzten unterirdische Versorgungsschächte oder gruben Tunnels. Sie alle waren nicht bereit, die »Unbequemlichkeiten und vielleicht auch Härten«, die Ulbricht 12 Tage nach dem Mauerbau eingestand, hinzunehmen. An mehreren Stellen verlief die Sektorengrenze entlang der Baufluchtlinie der Gebäude, d. h. wenn die Bewohner einen Schritt auf die Straße setzten, wechselten sie von einem Sektor in den anderen. Soweit die Häuser in Ost-Berlin lagen, wurden den Wohnungsinhabern die Fenster und Türen in Richtung Westen zugemauert. Während dies in den unteren Stockwerken geschah, sprangen die Menschen aus den oberen Etagen in den Westen. Die West-Berliner Feuerwehr spannte Sprungtücher auf. Trotzdem kam es dabei zu mehreren Todesfällen.

Ende August 1961 waren beide Teile Berlins somit füreinander unzugänglich. Die Ost-Berliner waren resigniert und deprimiert, die West-Berliner kochten vor Wut. Zur selben Zeit herrschte in der Bundesrepublik Deutschland Wahlkampf für die bevorstehende Bundestagswahl. Der Regierende Bürgermeister von Berlin, Willy Brandt, war Spitzenkandidat der Sozialdemokraten. Er war in Westdeutschland auf Wahlkampftour, kehrte aber sofort nach Berlin zurück. Bundeskanzler Konrad Adenauer hingegen ließ sich in Berlin nicht sehen. »Wo ist der Kanzler, spielt er Boccia?« fragten die Menschen auf Transparenten in Anspielung auf Adenauers Hobby. Die Verbitterung über den ersten Nachkriegskanzler hielt in Berlin weit über dessen Tod hinaus an. Als eine große Straße, der Kaiserdamm, nach ihm benannt werden sollte, scheiterte dies am Widerstand der Bevölkerung. Erst Jahre später wurde am Kurfürstendamm eine Straßenkreuzung in »Adenauerplatz« umbenannt, sicher keine adäquate Würdigung des bedeutenden Politikers, der allerdings mit Deutschland östlich der Elbe immer wenig im Sinn hatte. (Angeblich fing für ihn bei Magdeburg die sibirische Steppe an.)

Enttäuscht waren die Menschen allerdings auch von den Westalliierten, besonders den Amerikanern. Der Regierende Bürgermeister Willy Brandt schrieb dem amerikanischen Präsidenten Kennedy am 16. August 1961, die Hinnahme

Ich bin ein Berliner

... Vor zweitausend Jahren war der stolzeste Satz, den ein Mensch sagen konnte, der: Ich bin ein Bürger Roms. Heute ist der stolzeste Satz, den jemand in der freien Welt sagen kann: Ich bin ein Berliner!

Wenn es in der Welt Menschen geben sollte, die nicht verstehen oder nicht zu verstehen vorgeben, worum es heute in der Auseinandersetzung zwischen der freien Welt und dem Kommunismus geht, dann können wir ihnen nur sagen, sie sollen nach Berlin kommen. Es gibt Leute, die sagen, dem Kommunismus gehöre die Zukunft. Sie sollen nach Berlin kommen.

Und es gibt wieder andere in Europa und in anderen Teilen der Welt, die behaupten, man könne mit den Kommunisten zusammenarbeiten. Auch sie sollten nach Berlin kommen. Und es gibt auch einige wenige, die sagen, es treffe zwar zu, daß der Kommunismus ein böses und schlechtes System sei, aber er gestattet es ihnen, wirtschaftlichen Fortschritt zu erreichen. Aber laßt auch sie nach Berlin kommen.

Ein Leben in Freiheit ist nicht leicht, und die Demokratie ist nicht vollkommen. Aber wir hatten es nie nötig, eine Mauer aufzubauen, um unsere Leute bei uns zu halten und sie daran zu hindern, woanders hinzugehen. ...

Sie leben auf einer verteidigten Insel der Freiheit. Aber Ihr Leben ist mit dem des Festlandes verbunden, und deshalb fordere ich Sie zum Schluß auf, den Blick über die Gefahren des Heute hinweg auf die Hoffnung des Morgen zu richten, über die Freiheit dieser Stadt Berlin und über die Freiheit Ihres Landes hinweg auf den Vormarsch der Freiheit überall in der Welt, über die Mauer hinweg auf den Tag des Friedens mit Gerechtigkeit. Die Freiheit ist unteilbar, und wenn auch nur einer versklavt ist, dann sind alle unfrei. Aber wenn der Tag gekommen sein wird, an dem alle die Freiheit haben und Ihre Stadt und Ihr Land wieder vereint sind, wenn Europa geeint ist und Bestandteil eines friedvollen und zu höchsten Hoffnungen berechtigten Erdteils, dann, wenn dieser Tag gekommen sein wird, können Sie mit Befriedigung von sich sagen, daß die Berliner und diese Stadt Berlin 20 Jahre die Front gehalten haben. Alle freien Menschen, wo immer sie leben mögen, sind Bürger dieser Stadt West-Berlin, und deshalb bin ich als freier Mann stolz darauf, sagen zu können: Ich bin ein Berliner!

US-Präsident John F. Kennedy in einer Rede am 26. Juni 1963 vor dem Rathaus Schöneberg zu einer halben Million Zuhörer.

des Mauerbaus sei geeignet, »Zweifel in die Reaktionsfähigkeit und Entschlossenheit der drei Mächte zu wecken«, und wies auf zwei Gefahren hin:

»1. Untätigkeit und reine Defensive könnten eine Vertrauenskrise zu den Westmächten hervorrufen. 2. Untätigkeit und reine Defensive könnten zu einem übersteigerten Selbstbewußtsein des Ost-Berliner Regimes führen, das heute bereits in seinen Zeitungen mit dem Erfolg seiner militärischen Machtdemonstration prahlt.«

Vor diesem Hintergrund muß der grandiose Erfolg der Rede Kennedys gesehen werden, die dieser im Juni 1963 vor dem Rathaus Schöneberg hielt und von der heute noch der Satz bekannt ist: »Ich bin ein Berliner.« Als Kennedy ein halbes Jahr später ermordet wurde, versammelten sich spontan Tausende vor dem Rathaus Schöneberg, um ihrer Trauer Ausdruck zu verleihen.

Der Mauerbau verhinderte anfangs nur den Übergang von Ost- nach West-Berlin. Die West-Berliner konnten bei Vorzeigen ihres Ausweises den Ostsektor betreten und wieder verlassen. Am 22. August 1961 ordnete das Innenministerium der DDR dann an: »Westberliner Bürgern ist das Betreten der Hauptstadt der Deutschen Demokratischen Republik (das demokratische Berlin) nur mit einer Aufenthaltsgenehmigung gestattet.« Diese Aufenthaltsgenehmigung sollte eine D-Mark kosten und von neu einzurichtenden West-Berliner Filialen des DDR-Reisebüros ausgegeben werden. Der Senat von Berlin wies die »neuen Unrechtsmaßnahmen der Pankower Machthaber« sofort zurück und kündigte seinerseits an, »unerwünschten Personen das Betreten West-Berlins unmöglich zu machen.« Die Alliierte Kommandantur verbot die Einrichtung der Büros zur Erteilung von Ost-Berliner Besuchserlaubnissen. Man wollte nicht gestatten, daß die DDR in West-Berlin Hoheitsakte ausübte wie die Erteilung einer Besuchserlaubnis, also quasi eines Visums.

Zwei Jahre dauerte es, bevor die West-Berliner ihre Ost-Berliner Verwandten wiedersehen konnten. Zu Weihnachten 1963 war zwischen West- und Ost-Berlin eine Passierscheinregelung ausgehandelt worden, die Verwandtenbesuche wenigstens in die eine Richtung ermöglichte. Die Verhandlungen waren auch aus formalen Gründen kompliziert. Über den Status von Berlin gab es keine Einigkeit. Darüber hinaus war die DDR von der Bundesrepublik Deutschland nicht anerkannt. (Erst Jahre später sollte Bundeskanzler Kiesinger sich langsam an die Realitäten herantasten und von einem »Phänomen« sprechen, das sich im anderen Teil Deutschlands gebildet habe.) Entsprechend gedrechselt waren die Unterschriften unter das »Protokoll über eine zeitweilige Regelung für den Verwandtenbesuch von West-Berlinern in Ost-Berlin«: Auf östlicher Seite unterschrieb Staatssekretär Wendt »auf Weisung des Stellvertreters des Vorsitzenden des Ministerrats der Deutschen Demokratischen Republik«, für den Westen zeichnete Senatsrat Horst Korber »auf Weisung des Chefs der Senatskanzlei, die im Auftrage des Regierenden Bürgermeisters von Berlin gegeben wurde«.

In der Zeit vom 19. 12. 1963 bis zum 5. 1. 1964 gingen täglich fast 70 000 Menschen von West nach Ost, insgesamt über 1,2 Millionen. Die Stadt war zwar geteilt, die Menschen aber ließen sich nicht so einfach voneinander trennen.

Drei weitere Passierscheinabkommen wurden in den

sechziger Jahren geschlossen. Jedesmal ging mit ihrem Abschluß ein Bangen und Feilschen einher, immer waren die Besuchsmöglichkeiten nur für eine kurze Frist geschaffen; eine dauerhafte Regelung sollte es erst mit dem Viermächte-Abkommen 1972 geben.

Der enorme Andrang zeigte die menschliche Verbundenheit zwischen Ost und West; dennoch veränderte die Mauer das Leben in der Stadt grundlegend. Die beiden Teile begannen, sich mit dem Rücken zueinander zu entwickeln. Zwar wurde bei großen städtebaulichen Vorhaben die Möglichkeit eines späteren Falls der Mauer berücksichtigt, im Westen öffentlich bekundet, im Osten stillschweigend, aber die Mauer schien den Berlinern für die Ewigkeit gebaut. Sicher: Als Erich Honecker 1988 sagte, die Mauer werde in hundert Jahren noch stehen, witzelten die Berliner, nichts, was die DDR baue, halte hundert Jahre. Aber damit verband sich mehr der Wunsch, Dampf abzulassen, als eine ernsthafte Perspektive. Die Berliner waren eine Familie an zwei Orten, man besuchte sich – im wesentlichen einseitig –, aber jeder lebte sein eigenes Leben.

Auf höchster politischer Ebene waren die Kontakte schwierig und von Mißtrauen geprägt. Als der sowjetische Parteichef Chruschtschow 1960 den Berliner Regierenden Bürgermeister Willy Brandt zu einer Unterredung nach Ost-Berlin einlud, äußerten die Amerikaner deutliches Mißfallen, und Brandt sagte ab. Zweieinhalb Jahre später, im Januar 1963, hielt sich Chruschtschow zum SED-Parteitag in Ost-Berlin auf. Wiederum bat er Brandt zu einem Gespräch – und wiederum mußte Brandt absagen. Sein Koalitionspartner CDU hatte gedroht, den Senat zu verlassen, falls es zu dem Treffen käme. Brandt hat dies später bedauert. Ohne sich Illusionen über die Sowjetunion zu machen, meinte er, man hätte jede Gesprächsmöglichkeit nutzen und jedes Angebot ausloten sollen.

Die Grenze durch und um Berlin wurde von der DDR immer weiter ausgebaut und perfektioniert. Was landläufig »die Mauer« hieß, entwickelte sich zu einem ausgeklügelten System von Hindernissen mit Nagelmatten, Patrouillen, Signalzäunen, Todesstreifen und Wachtürmen. Immer wieder gelang dennoch Menschen die Flucht. Bundesweit wurden zwischen Mauerbau und Maueröffnung eine viertel Million Flüchtlinge gezählt, davon rund 40 000 sogenannte »Sperrbrecher«, die bei Gefahr für Leib und Leben die Mauer oder die innerdeutsche Grenze überwanden. Das war eine große Zahl – und doch kein Vergleich zu den 2,7 Millionen Menschen, die zwischen 1949 und 1961 der DDR den Rücken gekehrt hatten. Die Mauer erfüllte ihre Funktion. Sie tat es jedoch nur, weil die Grenztruppen der DDR immer wieder schonungslos von der Schußwaffe Gebrauch machten. Allein in Berlin sind über 250 Menschen an der Mauer getötet worden, der letzte wenige Monate vor dem Ende des »Grenzregimes«. Viele Menschen verließen die DDR, weil sie diese nie, auch nicht für einen Urlaub, verlassen konnten. So produzierte die Mauer ihre eigene Notwendigkeit.

Die DDR litt nicht nur unter dem ständigen Ausreisewunsch ihrer Bürger, sondern auch unter ihrer mangelnden völkerrechtlichen Anerkennung durch die internationale Staatengemeinschaft. Vor 1973 waren es nur die Sowjetunion und ihre Verbündeten, zusammen mit einigen Staaten der »dritten Welt«, die die DDR als souveränen Staat akzeptierten. Dies galt insbesondere für den Anspruch Ost-Berlins, Hauptstadt der DDR zu sein. Nach westlicher Auffassung war ganz Berlin ein besonderes Gebiet unter Verwaltung der vier Alliierten, und Ost-Berlin gehörte zu dieser Besatzungszone, nicht zur ehemaligen sowjetischen Besatzungszone, aus der der »erste Arbeiter- und Bauernstaat auf deutschem Boden« geworden war. Der daraus resultierende Minderwertigkeitskomplex der DDR machte

Peter Schneider
Der Mauerspringer

Das Wetter wird in Berlin in der Regel von westlichen Winden beherrscht. Ein Reisender, der sich im Flugzeug nähert, hat aus diesem Grund ausgiebig Zeit, die Stadt von oben zu betrachten. Um gegen den Wind landen zu können, muß das aus dem Westen einfliegende Flugzeug die Stadt und das sie teilende Bauwerk dreimal überqueren: zunächst in östlicher Richtung fliegend, erreicht das Flugzeug Westberliner Luftraum, überfliegt darauf in einer weiten Linkskurve den östlichen Teil der Stadt und überwindet dann, jetzt aus dem Osten kommend, das raumaufteilende Bauwerk in Richtung Landebahn Tegel ein drittes Mal. Aus der Luft betrachtet, bietet die Stadt einen durchaus einheitlichen Anblick. Nichts bringt den Ortsunkundigen auf die Idee, daß er sich einer Gegend nahert, in der zwei politische Kontinente aneinanderstoßen. …

Bei schönem Wetter kann der Reisende den Schatten des Flugzeugs beobachten, der zwischen beiden Stadtteilen hin und her huscht. Er kann die Annäherung des Flugzeugs an seinen Schatten verfolgen bis zu dem Augenblick, da das Flugzeug in seinem Schatten aufsetzt. Erst wenn der Reisende ausgestiegen ist, bemerkt er, daß der wiedergefundene Schatten in dieser Stadt einen Verlust bedeutet. Nachträglich stellt er fest, daß sich einzig der Schatten des Flugzeugs frei zwischen beiden Stadtteilen bewegen konnte, und plötzlich erscheint ihm das Flugzeug als eines jener von Einstein erträumten Verkehrsmittel, aus dem lächerlich jung und ahnungslos Reisende steigen und eine Stadt besichtigen, in der seit gestern tausend Jahre vergangen sind.

auch Verhandlungen über Selbstverständlichkeiten zum Problem.

Als die Alliierten 1944 in London die Sektoren Berlins und damit die spätere Grenze zwischen West- und Ost-Berlin festlegten, orientierten sie sich an den damals bestehenden zwanzig Stadtbezirken; acht Bezirke gingen an die Sowjetunion, je sechs an die Amerikaner und die Briten, die dann zwei an die Franzosen abgaben. An mehreren Stellen bildeten die Spree bzw. ein Kanal die Grenze zwischen den beiden Teilen der Stadt. Das Gewässer gehörte zu Ost-Berlin, das eine Ufer zum Westen. Die Grenzsicherungsanlagen, wie die Mauer im Bürokratendeutsch hieß, standen am Ostufer. Fiel jemand vom Westufer aus ins Wasser, geriet er in Ost-Berlin in Not. In solchen Fällen erlaubten es die DDR-Grenztruppen nicht, daß vom Westen aus Hilfe geleistet wurde. In den Jahren 1966 bis 1975 bezahlten fünf Kinder für die Sturheit der DDR mit dem Leben. Erst dann war es möglich, zu einer »Vereinbarung über Rettungsmaßnahmen bei Unglücksfällen in Grenzgewässern« zu gelangen.

Diese Abmachung sah die Installation von Rufsäulen auf der westlichen Seite vor. Kam es nun zu einem Unglück, mußte man, bevor man zu Hilfe eilen durfte, zur nächsten Rettungssäule eilen und den Rufknopf drücken. Dadurch wurde der DDR signalisiert, daß es sich beim Sprung ins Wasser nicht um einen imperialistischen Angriff, sondern um den Versuch, Leben zu retten, handelte. Die Entspannungspolitik hatte in Berlin sehr konkrete Formen, manchmal die einer Rufsäule.

In anderen Bereichen gab es eine informelle Zusammenarbeit. So beispielsweise, wenn in den Transitzügen von West-Berlin nach Westdeutschland entlaufene Kinder aufgegriffen wurden. Die DDR-Regierung benachrichtigte in solchen Fällen die Senatskanzlei, die wiederum über die Ständige Vertretung der Bundesrepublik bei der DDR (nicht in der DDR, denn die Ständige Vertretung befand sich in Ost-Berlin, nach westlicher Auffassung also außerhalb der DDR) die Rückführung über einen innerstädtischen Übergang vereinbarte. Selbst Lappalien wie das Entlaufen eines Hundes nach Ost-Berlin beschäftigten die

Diplomaten der beiden deutschen Staaten und oft darüber hinaus auch noch die der Alliierten.

Die Westalliierten unterstrichen ihre Rechtsauffassung von der gemeinsamen Kontrolle, der ganz Berlin unterstehe, durch regelmäßige Patrouillenfahrten durch den Ostteil der Stadt. Umgekehrt zeigten die Sowjets ihrerseits militärische Präsenz in West-Berlin. Mit Vorliebe hängten sie sich an die Kolonnen von Staatsbesuchern West-Berlins. Gelegentlich kam es vor, daß ihre Weiterfahrt nach einem Stopp durch ein unglücklich parkendes Fahrzeug der Westalliierten blockiert wurde und der Fahrer dieses Wagens leider erst gefunden werden konnte, als die Kolonne längst weitergefahren war. In der Retrospektive sind all diese Vorfälle bestenfalls lächerlich. Sie prägten jedoch die Atmosphäre der Stadt, bis der Fall der Mauer und die Vereinigung Deutschlands und Berlins dem Besatzungsstatus der Stadt ein Ende setzten.

In den auf den Mauerbau folgenden Jahren unternahm die DDR immer wieder Versuche, Ost-Berlin Stück für Stück weiter in die DDR zu integrieren. Als der erste und einzige Präsident der DDR, Wilhelm Pieck, 1960 starb, wurde sein Amt zugunsten eines kollektiven Staatsrates abgeschafft, dessen Befugnisse auch auf Ost-Berlin ausgedehnt wurden. Dieser Staatsrat verfügte im September 1961, Ost-Berlin der Funktion nach einem DDR-Bezirk gleichzusetzen und es damit praktisch zum 15. Bezirk der DDR zu machen.

Erst nach dem Mauerbau konnte die DDR die 1956 aus der Kasernierten Volkspolizei entstandene Nationale Volksarmee (NVA) in eine Wehrpflichtarmee umwandeln. Hätte sie dies vorher versucht, wäre der Strom der Flüchtlinge sicherlich weiter angewachsen. Als die Wehrpflicht 1962 eingeführt wurde, galt sie auch in Ost-Berlin, obwohl dies ein eklatanter Verstoß gegen die alliierten Entmilitarisierungsvorschriften war. (Die Westmächte waren in diesem Punkt immer eindeutig: West-Berliner konnten nicht zur Bundeswehr eingezogen werden.)

Im August 1962 löste das sowjetische Verteidigungsministerium die Stadtkommandantur in Ost-Berlin auf und übertrug ihre Funktion auf einen Offizier der Nationalen Volksarmee der DDR. Die Behauptung der DDR, dieser vertrete die militärischen Interessen des ersten Arbeiter- und Bauernstaates auf deutschem Boden gegenüber den Westalliierten, zeugte eher davon, daß auch Ulbricht Humor hatte, als daß sie die Realität beschrieben hätte.

Als die DDR 1968 die neue Verfassung, die wiederum »Berlin« als »Hauptstadt« bestimmte, in einem Referendum bestätigen ließ, nahmen auch die Ost-Berliner an dieser Abstimmung teil. Nach und nach wurden die Ost-Berliner Abgeordneten als gleichberechtigte Mitglieder in die DDR-Volkskammer einbezogen. Bis 1976 verfügten sie über andere Ausweise als ihre Kollegen aus den DDR-Bezirken. 1981 wurden dann die Ost-Berliner Volkskammerabgeordneten zum ersten Mal direkt gewählt, vorher waren sie vom Stadtparlament bestimmt und in die Volkskammer entsandt worden.

Diese Feinheiten in der Veränderung des Status' Berlins wurden im Rathaus Schöneberg, im Bundeskanzleramt in Bonn sowie bei den Westalliierten sorgfältig beobachtet und registriert. Den Ost-Berliner Bürgern waren diese Dinge ziemlich egal. Beim Wahlsystem der DDR gab es ohnehin nichts zu wählen, da spielte es keine Rolle, ob die vorab vom Nationalrat der Nationalen Front unter Kontrolle der SED bestimmten Abgeordneten nun direkt oder indirekt in die Volkskammer geschickt wurden. In Ost-Berlin hatte man andere Sorgen. Es galt, mit der Situation nach dem Mauerbau fertig zu werden, sich darauf einzurichten, daß man seine Zukunft in der DDR gestalten mußte, weil es die Alternative »rüberzugehen« nicht mehr gab.

Auch die Ost-Berliner Führung konnte jetzt an die Zukunft denken. Der Ausbau der Innenstadt zwischen Alexanderplatz und Brandenburger Tor, der bereits im

April 1961 beschlossen worden war, wurde nun in Angriff genommen. So entstanden in den folgenden Jahren unter anderem der Palast der Republik, das Außenministerium der DDR und das Haus des Lehrers am Alexanderplatz – alles Gebäude, die dem Senat des wiedervereinigten Berlin dreißig Jahre nach dem Baubeschluß große Kopfschmerzen bereiten sollten.

1969 wurde der Ost-Berliner Fernsehturm fertiggestellt, zu seiner Zeit das zweithöchste Bauwerk in Europa und eine unübersehbare Demonstration von Selbstbewußtsein. Daß auf der achtstöckigen Kugel unter dem Sendemast sich bei einer bestimmten Sonneneinstrahlung ein weithin sichtbares Kreuz bildete (und bildet, die Sonne hat sich nicht verändert), führte in Ost und West zu großer Häme – und bei den Verantwortlichen zu hektischen, aber ergebnislosen Konferenzen. Von der »Rache des Papstes« war die Rede oder von »Sankt Walter« (gemünzt auf Ulbricht).

Ansonsten gingen die sechziger Jahre in Ost-Berlin ruhig ins Land. Lediglich der Einmarsch der Warschauer-Pakt-Truppen in die Tschechoslowakei, bei dem die SED-Führung eine treibende Kraft war, führte zu Protesten in Teilen der Bevölkerung. Zahlenmäßig wenige, aber dennoch für die Verhältnisse viele fanden den Mut, öffentlich gegen die Verletzung der tschechoslowakischen Souveränität und die Zerstörung der Hoffnungen des Prager Frühlings auf einen Sozialismus mit menschlichem Antlitz zu protestieren.

Wesentlich größer, aber wegen der unterschiedlichen politischen Bedingungen nicht vergleichbar, war die Teilnahme an den Studentenunruhen in West-Berlin. Ihre Auslöser waren einerseits die stockkonservativen Bedingungen an den westdeutschen Universitäten und damit auch an der Freien Universität Berlin (»Unter den Talaren – der Muff von tausend Jahren«), andererseits der Krieg der Amerikaner in Vietnam (»Amis raus aus Vietnam« – »Ho-Ho-

Ho-Tschi-Minh«). Die wohlbehütete Nachkriegsgeneration begehrte gegen ihre Väter auf, fragte sie, was sie eigentlich im »Dritten Reich« getan hatten, und prangerte die Ungerechtigkeit der Welt an. Vor allem die Völker der »dritten Welt« konnten sich der Solidarität der Berliner Studenten sicher sein. Gleichzeitig versuchten die jungen Akademiker auch, sich von den Zwängen der Gesellschaft und ihren in den sechziger Jahren noch recht strengen Normen zu befreien. Rauschgift wurde als Mittel der Bewußtseinserweiterung angesehen, der sich nur Spießer und Ignoranten verschließen konnten, und neue Formen des Zusammenlebens wurden ausprobiert. »Wer zweimal mit derselben pennt, gehört schon zum Establishment«, hieß der Spruch der Stunde. Als einige Studenten eine Wohngemeinschaft mit »freier Liebe« und antiautoritärer Kindererziehung gründeten, machte diese »Kommune I« bundesweit Schlagzeilen und sorgte noch Jahrzehnte später für die Bekanntheit von Kommunarden wie Fritz Teufel, Rainer Langhans oder Dieter Kunzelmann.

Beim Besuch des Diktators des Iran, des Schahs Reza Pahlewi, 1967 in Berlin eskalierten die Auseinandersetzungen. Die Berliner Polizei, die schon früher unsensibel auf Demonstrationen reagiert hatte und die »Leberwursttaktik« verfolgte (»In der Mitte reinstechen und nach den Seiten rausdrücken«), sah tatenlos (beziehungsweise mit Sympathie) zu, wie Angehörige des persischen Geheimdienstes, die als Beifallspender abkommandiert waren (»Jubelperser«), mit langen Latten und Stangen auf die Demonstranten einprügelten. Bei den nachfolgenden Krawallen wurde der Student Benno Ohnesorg von dem Polizisten Karl-Heinz Kurras erschossen. Man schrieb den 2. Juni 1967.

Auf beiden Seiten, der des Staates und der der Studenten, verschärfte sich der Ton. »Brecht dem Schütz die Gräten, alle Macht den Räten«, skandierten die Demonstranten gegen den Nachfolger des wegen des Todes von Benno Ohnesorg aus dem Amt geschiedenen Regierenden Bürgermeisters Heinrich Albertz. »Schaut euch diese Typen an«, holzte Schütz bei einer Kundgebung gegen die Studenten zurück. Daß die jungen Leute gegen die amerikanische Schutzmacht – wenn auch gegen deren Engagement in Vietnam, nicht etwa in Berlin – polemisch und einseitig Stellung bezogen, erboste viele in der geteilten Stadt, die die Blockade, den Mauerbau und Kennedys Auftritt erlebt hatten.

So ist es nicht verwunderlich, daß die Gewalt auf beiden Seiten weiter zunahm. Einige der Demonstranten glitten in den Terrorismus ab, einige »ordentliche Bürger« ließen sich immer weiter aufstacheln.

Im April 1968 wurde der führende Kopf der Studentenbewegung, Rudi Dutschke, von einem 23jährigen Hilfsarbeiter auf offener Straße angeschossen und lebensgefährlich verletzt. Er erholte sich nie vollständig von diesem Attentat, an dessen Spätfolgen er Jahre später starb. Die Empörung der Studenten war grenzenlos. Man machte die einseitige Berichterstattung der Springer-Presse für den Mordversuch verantwortlich. Tagelang kam es zu Blockaden und Brandanschlägen gegen das Verlagshaus Springer und die Auslieferung seiner Erzeugnisse. »Haut dem Springer auf die Finger«, riefen die Demonstranten. Es dauerte Jahre, bis der Graben zwischen den »68ern« und dem »Establishment« langsam wieder zugeschüttet wurde.

Während beide Teile Berlins in den 60er Jahren also vor allem nach innen schauten, blieben die Probleme mit der Außenwelt bestehen. Der Transit von West-Berlin nach Westdeutschland war immer wieder der Willkür der DDR-Grenzer (und ihrer politischen Befehlshaber) unterworfen. Mal ging es schnell, mal blieben die Schlagbäume an der Grenze stundenlang geschlossen. 1962 war es sogar zu einer heimlichen Berlin-Krise gekommen, als die Alliierten feststellten, daß die Sowjets rund um West-Berlin Truppen zusammenzogen, so daß man einen Überraschungsschlag gegen den Westteil der Stadt befürchten mußte. (Nach der Öffnung der Archive von Nationaler Volksarmee und Staatssicherheitsdienst konnte man übrigens feststellen, daß die militärische Besetzung West-Berlins bis zum Ende der DDR zum Übungsrepertoire der bewaffneten Kräfte gehört hatte.) Willy Brandt beschreibt in seinen Erinnerungen, wie er seinen damals 14jährigen Sohn auf die Rolle des »Mannes in der Familie« einschwor, weil er damit rechnete, die Familie lange nicht zu sehen. Aber die Wolken verschwanden 1962 genauso plötzlich, wie sie gekommen waren, weil ein anderer Konflikt sich auftat, der die Großmächte und mit ihnen die ganze Welt in Atem hielt: die Kuba-Krise.

Der Konflikt um die versuchte Stationierung sowjetischer Mittelstreckenraketen auf Kuba zeigte, wie leicht eine Auseinandersetzung zwischen den Großmächten eskalieren und wie schnell der »point of no return« erreicht werden konnte. Nach erfolgreicher Bewältigung der Krise leiteten daher die USA und die Sowjetunion eine anfangs vorsichtige Strategie der Entspannung ein. Die Entspannungspolitik war keine Annäherung der Werte beider Seiten, sondern vielmehr der Versuch, trotz der Gegensätze miteinander zurechtzukommen.

In Europa gab es keine Entspannung ohne eine befriedigende Regelung des Berlin-Problems. Diese war gleichzeitig besonders schwierig, da man sich nicht einmal über die rechtliche Ausgangslage einig war: War ganz Berlin eine Viermächte-Stadt (Auffassung West) oder nur West-Berlin (Auffassung Ost), war Ost-Berlin die Hauptstadt der DDR (Auffassung Ost) oder Teil der Viermächte-Zone Berlin (Auffassung West)? War West-Berlin politisch und wirtschaftlich ein Teil der Bundesrepublik Deutschland (Auffassung West) oder eine »selbständige politische Einheit« (Auffassung Ost)? Solange dies nicht geklärt war, schien eine Einigung unmöglich.

Es waren also keine guten Vorzeichen, unter denen die

Edgar Hilsenrath
Deutsch-deutsches Gespräch

»Wo sind wir eigentlich?«
»Im Niemandsland.«
»Zwischen drüben und drüben?«
»Ja.«

»Wo wohnen Sie denn?«
»Am Alexanderplatz.«
»Ach so!«
»Und Sie?«
»Am Kurfürstendamm.«

»Wie heißen Sie denn?«
»Zibulsky.«
»So heiße ich auch.«
»Zibulsky?«
»Ja.«

»Hören Sie mal, Herr Zibulsky.«
»Was ist denn?«
»Würden Sie mich totschießen?«
»Nur auf Befehl.«

Unterhändler der vier Siegermächte im März 1970 im Kontrollratsgebäude in Berlin-Schöneberg zusammenkamen. Die Sowjetunion hatte weitestgehend gebilligt, daß die DDR Ost-Berlin einbezog; sie hatte sich aber immer einige Vorbehalte reserviert, mit denen sie ihre oberste Souveränität über Ost-Berlin bewahrte und damit ihre nach wie vor vorhandene, mit den anderen Weltkriegsmächten gemeinsam ausgeübte Verantwortung für Deutschland als Ganzes wahrnahm. Dies machte es ihr jetzt möglich, ohne Gesichtsverlust an den Viermächte-Gesprächen über Berlin teilzunehmen.

Über ein Jahr lang verhandelten die Botschafter der USA, der Sowjetunion, Großbritanniens und Frankreichs über das Viermächte-Abkommen über Berlin. Zwar rief der sowjetische Botschafter in der DDR, Pjotr Abrassimow, bei der Vertragsunterzeichnung zur Erheiterung der Journalisten auf deutsch aus: »Ende gut, alles gut«; aber die vier Mächte hatten sich keineswegs geeinigt, sondern vielmehr den »Dissens konsentiert«, das heißt, sie waren sich darüber einig, daß sie sich nicht einig waren. Das Viermächte-Abkommen war ein Musterbeispiel internationaler Diplomatie. In der Präambel hieß es, die vier hätten das Abkommen »unter Berücksichtigung der bestehenden Lage in dem betreffenden Gebiet« und »unbeschadet ihrer Rechtspositionen« geschlossen. Darüber, was eigentlich das »betreffende Gebiet« sei, West-Berlin oder ganz Berlin, hatte man sich nicht verständigen können. Auch die Bindungen West-Berlins an die Bundesrepublik schienen ein unüberwindbares Hindernis darzustellen. Man behalf sich mit einem Trick, der jeden normalen Vertrag sofort ungültig gemacht hätte. In den verschiedenen Sprachfassungen (englisch, französisch und russisch) wurden für den Begriff »Bindungen« Wörter unterschiedlicher Bedeutung benutzt. Im Englischen ist von »links« und im Französischen von »liens« die Rede, was mit »Bindungen« zutreffend übersetzt ist. Die russische Fassung benutzt das Wort »swjasi«, was eher »Verbindungen« bedeutet. Die Sowjetunion interpretierte den Vertrag später dann auch immer im Sinne eher technischer Verbindungen, während der Westen auf die politischen Bindungen abstellte.

Dies alles schien keine besonders günstige Ausgangslage dafür, daß das Abkommen die erhoffte positive Wirkung entfaltete – und dennoch war es so. Das Viermächte-Abkommen über Berlin zeigt deutlich, daß juristische Hürden immer dann übersprungen oder umgangen werden können, wenn der politische Wille vorhanden ist. Heißt es umgekehrt, ein Problem sei aus juristischen Gründen nicht lösbar, so kann man sicher sein, daß der Wunsch, es aus der Welt zu räumen, nicht besteht. Hier aber war die Bereitschaft aller Seiten da, die Lage in und um Berlin zu verbessern. Dies wird verständlich, wenn man sich das politische Umfeld dieser Regelung ansieht: den Vertrag von Moskau, den Vertrag von Warschau und den Grundlagen-Vertrag zwischen der Bundesrepublik Deutschland und der DDR. Die DDR-Führung sah dabei die Gefahren, die von zu großer Annäherung an die Bundesrepublik ausgingen, sehr realistisch. Nur zögernd unterwarf man sich den übergeordneten sowjetischen Interessen. Eine gewisse Halsstarrigkeit von seiten Ulbrichts dürfte seine Ablösung als Erster Sekretär des Zentralkomitees der SED im Mai 1971 wohl beschleunigt haben. Sein Nachfolger wurde Erich Honecker, der sich zumindest aus taktischen Gründen Breschnews Wunschen gegenüber flexibler zeigte.

Zu den wichtigsten Ergebnissen des Viermächte-Abkommens zählte, daß fortan die Transitstrecken durch die DDR von und nach West-Berlin garantiert waren. Unter dem Dach der Viermächte-Vereinbarung schlossen die beiden deutschen Staaten ein entsprechendes Abkommen, das eine wesentliche Erleichterung für die Reisenden brachte. Die Kontrollen fanden nunmehr im Fahrzeug statt, eine Durchsuchung durfte nur bei konkreten Verdachtsmomenten auf Fluchthilfe oder andere unerlaubte Handlungen vorgenommen werden. In der Regel wurden solche Kontrollen durchgeführt, wenn die Transitreisenden sich an einer Raststätte mit Freunden oder Verwandten getroffen hatten. Alle Rastplätze an den Autobahnen wurden vom Staatssicherheitsdienst der DDR entsprechend überwacht. Der bloße Kontakt war nicht verboten, aber schon die Überreichung des kleinsten Geschenks wurde als Zollvergehen und als Verstoß gegen das Transitabkommen geahndet.

Die Transitwege durften nicht verlassen werden, auch hier waren Volkspolizei und Staatssicherheitsdienst schnell zur

Stelle. Die Durchfahrt durch die DDR war also noch lange keine normale Durchreise durch ein normales Land, aber eine wesentliche Verbesserung gegenüber früher hatte stattgefunden. Die Reisenden konnten auch alles mitführen, lediglich Funkgeräte, Waffen und Munition bedurften einer besonderen Genehmigung. »Erlaubnisse und Genehmigungen« stand an den Büros, an denen solche Passierscheine für Güter erworben werden mußten – die DDR-Bürokratie war eben sehr genau. Jeder frühere Transitreisende kennt noch die stereotype Frage der DDR-Grenzer »Funk, Waffen, Munition?« und die saloppe Antwort mancher: »Nein, danke.«

Die zweite wesentliche Verbesserung betraf die Besuchsmöglichkeiten. West-Berliner konnten nun zum Verwandtenbesuch oder aus touristischen Gründen nach Ost-Berlin und in die DDR fahren. Hierzu mußten sie bei einem von fünf Besucherbüros in West-Berlin einen Antrag bei Ost-Bediensteten (des Staatssicherheitsdienstes) abgeben. Das »Bearbeitungsergebnis« konnte zwei Werktage später dort abgeholt werden. Man erhielt dann einen »Berechtigungsschein zum Empfang eines Visums«, gegen den man an der Sektorenübergangsstelle ein Visum in Empfang nehmen konnte. Nun mußte man nur noch den Mindestumtausch leisten, d. h. einen DM-Betrag – in den letzten Jahren 25 DM pro Tag und Person – im Verhältnis 1:1 in Mark der DDR umtauschen und die Zollkontrolle über sich ergehen lassen. Vor allem bei der Rückkehr nach West-Berlin wurden die Autos genau untersucht. Die Offiziere der Staatssicherheit in Uniformen der DDR-Grenztruppen suchten vor allem nach Flüchtlingen. Motorraumklappe hoch, Kofferraum auf, Rückbank umklappen, Tank öffnen – das war die Reiseroutine der Berliner. Trotz dieser Schikanen gab es jährlich etwa zwei Millionen Besuche, d. h. statistisch fuhr jeder West-Berliner einmal jährlich nach Ost-Berlin.

Zäh wurde zwischen dem Berliner Senat und der Bundesregierung auf der einen Seite, der DDR-Regierung auf der anderen Seite um jede Verbesserung des Reiseverkehrs verhandelt. Wieviel Kaffee man bei einem Besuch mitnehmen durfte, wie viele Grenzübergangsstellen es gab (die für die West-Berliner andere waren als für die Westdeutschen, die von West- nach Ost-Berlin gingen), wann man zurück sein mußte – all das kam immer wieder auf die deutsch-deutsche Tagesordnung.

Noch im August 1989 traten Verbesserungen in Kraft, die den West-Berliner Senat veranlaßten, in einer Postwurfsendung alle Haushalte der Stadt darüber zu informieren. Nun durfte man sogar sein Fahrrad mitnehmen, allerdings nur als Gepäck auf dem Autodach oder in der Bahn. Auch der eigene Hund konnte einen nun auf einem Tagesausflug begleiten, er mußte jedoch vorher von einem DDR-Amtstierarzt auf seine Ungefährlichkeit hin untersucht werden. Solche Tierärzte gab es nur an den Grenzübergangsstellen zwischen West-Berlin und der DDR, über die auch der Transitverkehr abgewickelt wurde, nicht jedoch an den Sektorenübergangsstellen in der Stadt. Wer also mit Dackel Waldi von Kreuzberg nach Friedrichshain wollte, konnte nicht einfach über die Oberbaumbrücke gehen, sondern mußte den Umweg über Dreilinden nehmen, dort in die DDR einreisen und sich über den Berliner Ring in den Kreuzberger Nachbarbezirk vorarbeiten. einhundert km Reiseweg für Hin- und Rückfahrt waren so schnell erreicht.

West- und Ost-Berlin richteten sich in der Anormalität ein. Viele vergaßen (oder hatten nie erlebt), wie einfach es sein kann, sich von einem Teil der Stadt in den anderen zu bewegen. Als die Mauer dann fiel, mußte man dies erst wieder erlernen – genau wie die Geographie der Stadt, die dadurch verzerrt worden war, daß jeder Besuch im anderen Teil der Stadt nur über bestimmte Übergangsstellen möglich war. Als die Mauer zerbröckelte, zeigte sich, daß in den 28 Jahren der physischen Trennung auch eine Mauer im Kopf entstanden war. Trotz der seit 1972 relativ einfachen Besuchsmöglichkeit in Ost-Berlin war im Westteil der Stadt eine ganze Generation herangewachsen, die nie in »den Osten« gegangen war, es sei denn, die Kinder und Jugendlichen wurden einmal zu einem Verwandtenbesuch mitgenommen oder unternahmen (vor allem in den letzten Jahren) eine Klassenreise dorthin. Das vielleicht Schlimmste daran war, daß man dies in West-Berlin nicht für ein Defizit hielt. So selbstverständlich man die Kanaren oder die USA besuchte, so selbstverständlich reduzierten viele ihre Kontakte mit »drüben« auf die unvermeidlichen Erlebnisse auf der Transitstrecke.

Im übrigen legte das Viermächte-Abkommen fest, daß die Westsektoren Berlins »so wie bisher kein Bestandteil der Bundesrepublik Deutschland sind und auch weiterhin nicht von ihr regiert werden«. Die demonstrative Bundespräsenz wurde von den Westalliierten eingeschränkt. Der Bundestag durfte nicht mehr in West-Berlin tagen, was er allerdings auch seit 1965 nicht mehr getan hatte. (Die Sowjets hatten damals durch Überschallflüge über Berlin versucht, die Sitzung zu stören.) Auch der Bundespräsident durfte nicht mehr in Berlin gewählt werden. Einzelne Parlamentsfraktionen und -ausschüsse kamen allerdings nach wie vor an die Spree, um ihre Verbundenheit mit der geteilten Stadt auszudrücken.

Die bewußten Unschärfen des Viermächte-Abkommens führten immer wieder zum Streit darüber, ob die Vereinbarung verletzt sei oder nicht. Kam beispielsweise die Eröffnung der Grünen Woche durch den Bundeslandwirtschaftsminister einem Regieren West-Berlins durch den Bund gleich? West und Ost waren unterschiedlicher Ansicht. Aber diese rechtlichen und politischen Scharmützel berührten die Bevölkerung nicht, die die positiven Seiten des Abkommens genoß.

In Ost-Berlin ruhten Anfang der siebziger Jahre die Hoffnungen auf Erich Honecker. Er war vielen noch als Vorsitzender der Freien Deutschen Jugend in Erinnerung. Zwar war er nie durch kritische Töne gegenüber dem Parteiestablishment aufgefallen, man hoffte aber doch, daß der Generationswechsel an der Spitze der SED positive Auswirkungen auf die Lebensqualität der DDR-Bürger haben würde. Der VIII. Parteitag der SED, der 1971 kurz nach der Machtübernahme Honeckers stattfand, beflügelte den Optimismus. Er beschloß die »Politik der Hauptaufgabe«. Hinter diesem Schlagwort verbarg sich die Absicht, nunmehr endlich den Schwerpunkt auf die Verbesserung der Lebensbedingungen der Bevölkerung zu setzen. Gleichzeitig wurde ein gigantisches Wohnungsbauprogramm beschlossen, das bis 1990, also innerhalb von zwanzig Jahren, jedem DDR-Bürger angemessenen Wohnraum verschaffen sollte. In der Tat ist in den folgenden Jahren eine große Zahl von Wohnungen gebaut worden, vor allem in Neubauvierteln, die auf der grünen Wiese entstanden. So sind die Plattenbau-Trabantenstädte Marzahn, Hellersdorf und Höhenschönhausen entstanden, die zu selbständigen Stadtbezirken wurden. Rund eine dreiviertel Million Berliner wohnt heute in industriell gefertigten Wohnungen, für deren Sanierung und Wohnwertverbesserung in den letzten Jahren viel getan worden ist.

Mit dem Grundlagenvertrag zwischen den beiden deutschen Staaten war auch deren wechselseitige diplomatische Anerkennung sowie ihr Beitritt zu den Vereinten Nationen verbunden. Viele andere Staaten nahmen dies zum Anlaß, nunmehr auch ihr Verhältnis zur DDR zu normalisieren und diplomatische Beziehungen aufzunehmen. In Ost-Berlin entstanden in kurzer Zeit zahlreiche Botschaften; die Stadt wurde internationaler, der Mief des in sich abgeschlossenen kleinbürgerlich-autoritären Sozialismus verschwand zwar nicht, aber er wurde verdünnt. Der Staatssicherheitsdienst hatte alle Hände voll zu tun, die ausländischen Diplomaten und Journalisten zu bespitzeln und alles in seinen Akten festzuhalten. Kontakte zwischen den Ausländern und Westdeutschen einerseits und den Bürgern der DDR andererseits konnte er nicht verhindern, auch wenn gerade vor den westlichen Botschaften demonstrativ finstere Gestalten in Kunstlederjacken flanierten.

Zu diesem Gefühl der Öffnung eines Fensters in die Welt paßten die Weltjugendfestspiele im Sommer 1973. Daß Walter Ulbricht, der formal immer noch Staatsoberhaupt der DDR war, während der Spiele starb, tat der Feier keinen Abbruch. Angeblich war sein letzter Wunsch, die Spiele sollten weitergehen. Man mag das bezweifeln; tatsächlich war die Veranstaltung, die schon begonnen hatte, gar nicht mehr zu stoppen. Sie wurde auch von vielen westlichen, keineswegs nur westdeutschen Jugendlichen besucht. Für die jungen DDR-Bürger war dies eine einmalige Chance, mit Spaniern, Franzosen, Amerikanern, Schweden oder Westdeutschen ihres Alters zusammenzusein, zu tanzen, zu feiern, zu diskutieren. Der offizielle propagandistische Charakter der Festspiele war ihnen dabei gleichgültig.

Für die Benutzung der Transitstrecken und für das Befahren der DDR-Straßen im Rahmen der seit dem Viermächte-Abkommen möglichen Tagesbesuche von West-Berlinern, für deren »Visum«, für den Ausbau der Autobahnen, die Abnahme von Müll, die Mehrleistungen von DDR-Reichsbahn und DDR-Post zahlten Bundesregierung und Senat von Berlin der DDR Beträge, die in die Milliarden gingen. Darüber hinaus konnte der zweite deutsche Staat im Rahmen des innerdeutschen Handels einen zinslosen Kredit in Anspruch nehmen. Durch die Besuche kam weiteres Westgeld ins Land. Die DDR-Führung nutzte die Einnahmen, um das Warenangebot für die eigenen Bürger zu verbessern. Zwar gab es die begehrtesten Artikel nach wie vor nur gegen Westgeld im »Intershop«, aber die Angebotspalette verbreiterte sich. Es ging bergauf in Ost-Berlin, zumindest was den Lebensstandard betraf.

Die Hoffnungen auf eine politische Öffnung erfüllten sich jedoch nicht. Hatte Honecker anfangs noch gesagt, jede noch so kritische Meinungsäußerung sei willkommen, wenn sie auf den Prinzipien des Sozialismus basiere, so verschärfte sich der Druck im kulturellen Bereich schnell wieder. Einen traurigen Höhepunkt stellte 1976 die Ausbürgerung des unbequemen Liedermachers Wolf Biermann dar. Biermann hatte seit Jahren Auftrittsverbot in der DDR, empfing aber immer wieder Gäste in seiner Wohnung in der Chausseestraße, die Texte und Aufnahmen von ihm verbreiteten. Nach langem Hin und Her erhielt er die Genehmigung zu einer Konzertreise in die Bundesrepublik. Kaum dort angekommen, sperrten die SED-Bürokraten ihn aus und entzogen ihm die Staatsbürgerschaft. Offensichtlich hatte die Führungsriege der SED jedoch die Wirkung dieses Schrittes unterschätzt. Viele bekannte Schriftsteller, auch solche, die dem System prinzipiell wohlwollend gegenüberstanden, protestierten öffentlich gegen die Ausbürgerung. Zwar reagierten die Partei und ihr Hilfsorgan, der Schriftstellerverband, mit den üblichen Repressionen wie Ausschluß aus dem Verband, Publikationsverbot, Entzug von Reisegenehmigungen oder auch Hinausdrängen aus der DDR – aber der Riß blieb. Die Stützen des Systems wie der spätere Vorsitzende des Schriftstellerverbandes, Hermann Kant, entpuppten sich als Kalfaktoren einer spätstalinistischen Kulturbürokratie und wurden von den Kollegen geächtet. Sie büßten damit auch ihre aus Sicht der SED positive Wirkung für den Kulturbetrieb ein, weil sie den anderen keine Gesprächspartner mehr waren.

Für die Bürger Ost-Berlins waren die Signale klar. Eine politische Verbesserung war nicht in Sicht, Reisefreiheit ebensowenig. Man mußte sich mit dem einrichten, was da war. Es entstand die Nischengesellschaft. Die meisten suchten sich ihr privates Plätzchen, erfüllten lustlos ihre staatsbürgerliche Pflicht wie etwa die Teilnahme an den verschiedenen Kundgebungen, die Ost-Berlin jährlich sah, und begingen täglich »geistige Republikflucht«, indem sie die westlichen Medien konsumierten. Die SED-Führung hatte die Schlacht um die Herzen und Köpfe »ihrer Menschen« offensichtlich aufgegeben. Zynismus breitete sich bis in die obersten Partei- und Regierungsebenen aus. Man meinte, eine durch materielle Besserstellung, politische Repression und Alternativenlosigkeit hervorgebrachte Loyalität der Staatsbürger reiche aus, die DDR auf Dauer am Funktionieren zu halten. Die politische Bühne in Ost-Berlin entwickelte sich immer mehr zur Theaterbühne. Die 1.-Mai-Demonstranten taten so, als würden sie den hohen Herren auf der Tribüne aus vollem Herzen huldigen, und jene taten so, als würden sie dies glauben. In Wirklichkeit wußten beide Seiten, daß geschauspielert wurde.

Auch in West-Berlin schaute man in den siebziger Jahren nach innen. Der Terrorismus forderte immer neue Opfer. 1974 wurde der Kammergerichtspräsident Günter von Drenkmann erschossen, auf dessen Büro schon 1970 ein Brandanschlag verübt worden war. 1975 machte die Entführung des Berliner CDU-Vorsitzenden Peter Lorenz Schlagzeilen. Lorenz wurde von der »Bewegung 2. Juni« gekidnappt und eine Woche in Kreuzberg (wie sich herausstellte: direkt gegenüber einer CDU-Geschäftsstelle) versteckt. Er kam im Tauschhandel gegen sechs inhaftierte Terroristen frei, die in den Jemen ausgeflogen wurden.

Der Stoff des Jahrzehnts war in West-Berlin der Filz. Ein Skandal jagte den nächsten. Vor allem im Baubereich wurde geschummelt und geschoben, daß das Publikum kaum noch folgen konnte, wer gerade warum beschuldigt wurde. Die SPD, seit Kriegsende praktisch ununterbrochen an der Regierung, rieb sich in Filzaffären und innerparteilichen Streitigkeiten auf. Im Mai 1977 trat der Regierende Bürgermeister Klaus Schütz zermürbt zurück. Sein Nachfolger wurde der glücklose Dietrich Stobbe, der nach der nächsten Affärenrunde 1981 ebenfalls sein Amt aufgab, nachdem seine Senatoren keine Mehrheit mehr im Abgeordnetenhaus gefunden hatten. Die Sozialdemokraten nominierten als Nachfolger den früheren Münchner Oberbürgermeister und ehemaligen Bundesjustizminister Hans-Jochen Vogel. Trotz dessen engagierten Einsatzes und trotz der hohen Wertschätzung, die er als Person in Berlin genoß, gelang es diesem jedoch nicht, das Steuer noch einmal herumzureißen. Die nächsten, vorgezogenen Wahlen zum Abgeordnetenhaus gewann die CDU. Neuer Regierender Bürgermeister, anfangs mit einem Minderheitskabinett, wurde Richard von Weizsäcker. Er blieb in diesem Amt, bis er 1984 Bundespräsident wurde.

1979 wurde in Berlin das Internationale Congress Centrum (ICC) eröffnet. Anfangs von vielen ob seines futuristischen Aussehens verspottet oder abgelehnt, entwickelte es sich zu einem der führenden Kongreßzentren in Europa. West-Berlin war nach wie vor auf der Suche nach einer wirtschaftlichen Zukunft. Das Viermächte-Abkommen hatte die Lage stabilisiert, die Abwanderung der Industrie in den fünfziger und sechziger Jahren jedoch nicht rückgängig gemacht. Hoffnungen, nach der Übereinkunft der Siegermächte könne West-Berlin die Drehscheibe zwischen Ost und West werden, hatten sich ebenfalls nicht erfüllt. Der Osten, namentlich die Sowjetunion und die DDR, auf deren Druck aber auch die anderen Staaten des Warschauer Paktes, drängte immer wieder auf die Besonderung Berlins. Bei jeder Messe im östlichen Ausland gab es Streit um Fahnen und Bezeichnungen, immer wollte man West-Berlin als eigenen Staat oder als staatsähnliches Gebilde, eben als »Selbständige Politische Einheit«, vorführen. Noch unter Gorbatschow scheiterte ein Binnenschiffahrtsabkommen zwischen der Bundesrepublik Deutschland und der Sowjetunion an der Frage, ob West-Berliner Schiffe die

Berliner Flagge führen sollten (so die Sowjets) oder die bundesdeutsche. Und dies, obwohl im Binnenschiffahrtsverkehr anders als im Seeverkehr Flaggen überhaupt nicht vorgeschrieben sind.

Nachdem sich also Hoffnungen, der Dreh- und Angelpunkt zwischen beiden Teilen Europas zu werden, als Illusion erwiesen hatten, setzte man darauf, Kongreß- und Messestadt zu werden. Für dieses Vorhaben war das ICC eine wichtige Errungenschaft.

Das Durchschnittsalter der deutschen West-Berliner Bevölkerung stieg in den siebziger und achtziger Jahren immer weiter an. Statistische Fortschreibungen kamen zu dem Ergebnis, bei Anhalten des Trends werde es im Jahre 2048 keinen einzigen deutschen West-Berliner mehr geben.

Gesenkt wurde das Durchschnittsalter vor allem durch die Ausländer, die nach dem Mauerbau, der West-Berlin von den Arbeitskräften im Osten der Stadt und denen des Landes abgeschnitten hatte, angeworben worden waren. Sie hatten sich mittlerweile in der Stadt eingerichtet und ihre Familien nachgeholt. In einigen Stadtbezirken war der Ausländeranteil mittlerweile so hoch, daß der Senat versuchte, die Wohnsitznahme durch eine Zuzugssperre für diese Gebiete zu steuern.

Die Ausländer waren in die alten Arbeiterviertel, vor allem nach Kreuzberg und Wedding gezogen, die die deutschen Arbeiter durch den Umzug in eine Neubauwohnung freigemacht hatten. Oftmals standen die Häuser über längere Zeit leer, da ihr Abriß zugunsten von Autobahn- und anderen Neubauprojekten geplant war. Gerade in Kreuzberg lebten die Ausländer in einigen Gebieten des Bezirks weitgehend unter sich.

Als Anfang der achtziger Jahre ein Teil der Ausländer ebenfalls in andere Stadtviertel abwanderte, standen die Wohnungen wiederum leer. Den Hausbesitzern schien der

Horst Krüger
Kreuzberg: Die Poesie der Zille-Hinterhöfe

In Kreuzberg haben sich seit einigen Jahren die Maler, Literaten und etwas Verrückten niedergelassen. Das meiste ist weniger als zweiter Rang, aber wen stört das hier? Sie haben die Poesie dieser Zille-Hinterhöfe entdeckt und die Macht in den Kneipen von Kreuzberg an sich gerissen. Denn hier steht noch einmal Berlin, wie es 1919 war. Der Film ist zurückgedreht. Richtige Klassenlage, das zog sie an. Boheme wird improvisiert. Puccinitragödien in der Wrangelkaserne, einem Albtraum preußischen Militärs, grau und abgewrackt: die Kaserne wird heute vom Senat an arme Künstler und junge Genies sehr billig vermietet. Da hausen sie denn in den unbeschreiblich hohen, eiskalten Mannschaftsstuben, malen Bilder, husten, lieben sich in einer Hängematte, schlucken LSD, sind gegen Bonn und Berlin und das ganze Establishment: reinste Anarchistenwelt wie in Petersburg 1905.
Des Abends treffen sie sich auf den tristen Armeleutestraßen von Kreuzberg, die alte, schlesische Erinnerungen wachrufen: die Kohlfurter Straße, die Kottbusser Straße, die Liegnitzer Straße, die Glogauer und Görlitzer: da kamen die Berliner ja einmal her. Das war die Provinz, der Mutterboden, aus dem die Weltstadt wuchs. Die alten Berliner Destillen am Görlitzer Bahnhof haben sich in halbproletarische Kunstgalerien verwandelt. Hier hocken sie nächtelang, und »Märchen«, der bleiche, nervöse Junge mit den großen Kinderaugen Cézannes, erzählt unglaubliche Geschichten. Das Märchenbuch seiner Seele liegt weit aufgeschlagen. Es riecht überall nach Bier und nach billigem Schnaps, an den Wänden hängen ihre Bilder: groß und bunt, etwas obszön und alles so liebenswert epigonal, den klassischen Mustern der Zeit etwas verrückt nachempfunden. Aber wen stört das hier?

Abriß des Hauses und der anschließende Wohnungsneubau die sinnvollste, vor allem die profitabelste Lösung zu sein. Da die Mieten für die Altbauten staatlich reglementiert waren, war dort kein großer Gewinn zu holen. Der Abriß eines Hauses war rechtlich allerdings nur dann möglich, wenn dieses unbewohnbar war. Also gingen die Besitzer daran, die Unbewohnbarkeit herzustellen. Sie ließen die Wohnungen leerstehen, zerstörten die Fenster und Installationen und schufen so die Voraussetzungen für eine Abrißgenehmigung. Hiergegen richtete sich der Protest der Hausbesetzer, die in diese Wohnungen eindrangen, sie in Besitz nahmen, notdürftig reparierten und bewohnten. Zeitweise waren über 150 Häuser in West-Berlin besetzt. Die Hausbesetzer sahen sich selbst als »Instandbesetzer«, ihre Gegner hingegen als »Kaputtbesitzer«. Diese verlangten von der Polizei die Räumung der Häuser. Hierbei kam es immer wieder zu Krawallen und Straßenschlachten, die von beiden Seiten mit großer Härte geführt wurden. Oftmals stand ein geräumtes Haus anschließend wieder leer. Der Vogel-Senat entwickelte hiergegen die »Berliner Linie«. Er wollte nicht zum Büttel der Spekulanten werden und veranlaßte eine Räumung nur noch dann, wenn ein Sanierungskonzept für das Haus vorgelegt und glaubhaft versichert wurde, daß dieses unmittelbar nach der Freimachung des Hauses auch umgesetzt werde.

Im September 1981 forderten die Auseinandersetzungen ein Todesopfer. Die Polizei hatte eine Gruppe junger Demonstranten auf eine stark befahrene Kreuzung abgedrängt, einer von ihnen wurde von einem Bus erfaßt. Zu dieser Zeit war Hans-Jochen Vogel bereits Regierender Bürgermeister a.D., Richard von Weizsäcker regierte, aber der starke Mann der Stadt war Innensenator Heinrich Lummer. Die Stimmung in der Stadt war aufgeheizt. Jeder Anlaß schien gut genug für einen Krawall, und Anlässe gab es viele, beispielsweise den Besuch von US-Außenminister Haig oder die beiden Besuche von US-Präsident Ronald Reagan. Daneben und sehr friedlich entstand jedoch eine breitgefächerte alternative Bewegung, zu deren Hauptstadt in Deutschland West-Berlin wurde.

Seit 1979 bestimmte der sogenannte Doppelbeschluß der NATO die internationale Diskussion. Die Nordatlantische Allianz hatte der Sowjetunion ein Ultimatum gestellt: Sollte diese nicht bereit sein, ihre gegen das NATO-Gebiet gerichteten Mittelstreckenraketen abzuziehen, wollte die Allianz mit Mittelstreckenwaffen nachrüsten, um so gleichzuziehen. Der Nachrüstungsbeschluß löste im Westen große Kontroversen aus und führte zu einem starken Anwachsen der Friedensbewegung. Die DDR, die sorgfältig zwischen bösen Raketen und guten, nämlich den eigenen, unterschied, entfesselte einen großangelegten Propagandafeldzug gegen den Beschluß der NATO. Sie stellte die Schrecken eines Atomkrieges anschaulich dar. Die Angstkampagne blieb nicht ohne Wirkung auf die eigene Bevölkerung, die durch die westlichen Fernsehkanäle auch über die Bedenken der westeuropäischen Opposition gegen die Nachrüstung informiert wurde. Nur hielten die DDR-Bürger die sowjetischen Raketen für ein ebenso großes Übel und konnten mit Sprüchen wie »Je stärker der Sozialismus, desto sicherer der Frieden« nichts anfangen.

Schon im Zusammenhang mit der Einführung des Wehrkundeunterrichts an DDR-Schulen im Jahre 1978 hatte es breiten Protest von Schülern, Eltern und evangelischer Kirche gegeben. Parallel zur Friedensbewegung im Westen entwickelte sich so auch eine Friedensbewegung in der DDR und besonders stark in Ost-Berlin. Sie wurde von den Herrschenden sofort in die Illegalität gedrängt und fand oft bei der evangelischen Kirche Schutz und Unterschlupf. »Schwerter zu Pflugscharen« war in Anlehnung an ein Bibelwort der Slogan der ostdeutschen Friedensbewegung; ihr Symbol war eine Figur, die ein Schwert in einen Pflug umschmiedete. Die DDR-Polizei verbot 1982 das Tragen dieses Abzeichens. Jugendliche wurden auf der Straße angehalten und aufgefordert, es von der Jacke zu entfernen, ihnen wurde die Relegation von der Ausbildungsstätte angedroht. Pikanterweise zeigte der Aufnäher oder Aufkleber eine Plastik, die die Sowjetunion den Vereinten Nationen zum Geschenk gemacht hatte. Viele trugen in ihrer Jacke statt des Aufnähers demonstrativ ein Loch in dessen Größe. Die Symbolik war klar, das Regime hilflos.

Die Oppositionsgruppen, die sich gebildet hatten, wurde die DDR bis zu ihrem Ende nicht mehr los. Nachdem durch die Abrüstungsvereinbarungen zwischen Ost und West die Diskussion um eine Friedenspolitik abebbte, wandten sich die Gruppen verstärkt ökologischen Fragestellungen zu und verletzten dadurch ein anderes Tabu des sozialistischen Staates.

In der zweiten Hälfte der achtziger Jahre eskalierten die Auseinandersetzungen zwischen der Opposition und der verkrusteten Staatsautorität. Untergrundzeitschriften, in anderen sozialistischen Staaten seit Jahren üblich, erschienen nun auch in der DDR. Anläßlich der jährlichen Routinekundgebung zu Ehren von Rosa Luxemburg und Karl Liebknecht demonstrierte eine kleine Gruppe von Oppositionellen mit dem Luxemburg-Satz: »Die Freiheit ist immer die Freiheit der Andersdenkenden«. Die greisen DDR-Hierarchen reagierten wie üblich: Verhaftungen, Prozesse, Verurteilungen, Ausweisungen in die Bundesrepublik. Aber die einschüchternde Wirkung dieser Maßnahmen blieb aus, die Menschen verloren ihre Angst. Auch bei anderen Gelegenheiten zeigten sich Oppositionsgruppen öffentlich – und was die SED-Führung für besonders perfide hielt: Sie zeigten sich immer wieder bei offiziellen Demonstrationen, die der Huldigung der Führung der Partei der Arbeiterklasse dienen sollten.

Gleichzeitig stellten mehr und mehr Bürger der DDR einen Antrag auf Ausreise. Die DDR-Führung machte den Antragstellern das Leben so schwer wie möglich. Sie wurden bedroht, verloren ihre Arbeit und bekamen keine andere, der Staatssicherheitsdienst entwickelte Maßnahmepläne zu ihrer psychischen Destabilisierung. Man versuchte, die Ehen der Antragsteller zu zerstören und sie sozial zu isolieren. Wegen kleinster »Vergehen« wurden sie ins Gefängnis geschickt. Schon ein weißes Band an der Auto-Antenne, das Erkennungszeichen der Ausreisewilligen, konnte mehrere Monate Gefängnis bedeuten. Hielten die Antragsteller diese Schikanen lange genug durch, ließ man sie ziehen. Ihre Hartnäckigkeit schien dem Staatssicherheitsdienst gefährlicher als ihr Verlust.

Immer wieder kam es auch zu Besetzungen bundesdeutscher und anderer westlicher Missionen in den sozialistischen Staaten und auch in Ost-Berlin. Die Besetzer weigerten sich, das Botschaftsgelände zu verlassen, falls sie nicht eine Garantie auf Ausreise erhielten. Zahlreiche dieser Fälle wurden im stillen gelöst; problematisch wurden sie immer dann, wenn die Öffentlichkeit davon erfuhr. Die DDR-Regierung befürchtete Nachahmungstäter – zu Recht, wie sich zeigte.

In dieser Situation traf die ungarische Regierung die Entscheidung, nicht länger der Gefängniswärter für die ostdeutschen und rumänischen Diktatoren zu sein. Zwar wurde Ungarn noch von den alten Kadern regiert, aber diese hatten die Zeichen der Zeit erkannt. Sie ließen den »Eisernen Vorhang« zwischen ihrem Land und Österreich abbauen. Fernsehstationen aus aller Welt übertrugen am 2. Mai 1989 die Durchtrennung des Stacheldrahts. Tausende DDR-Bürger, die sich in Ungarn aufhielten oder dorthin sofort aufbrachen, versuchten die Flucht in den Westen. Anfangs taten die ungarischen Grenztruppen noch so, als wollten sie Grenzübertritte verhindern. Im September 1989 öffnete Ungarn seine Grenzen ganz offiziell. Die Regierung des Landes der Magyaren hatte sich für den Westen und gegen den Osten entschieden, eine Haltung, die ihr auch Jahre später noch große Sympathie und politische Unterstützung einbringt.

In der bundesdeutschen Botschaft in Prag befanden sich im September 1989 mehrere tausend Flüchtlinge, die in den

Westen ausreisen wollten. Die Tschechoslowakei wurde zwar von ähnlichen Betonköpfen regiert wie die DDR, aber auch die tschechischen Genossen verspürten keine Lust, sich zu ihren eigenen Problemen noch die der Deutschen aufzuhalsen.

In den 18 Jahren, die Hans-Dietrich Genscher Außenminister der Bundesrepublik Deutschland war, hat er unzählige Reden gehalten – am bekanntesten wurde er jedoch mit einer Ansprache, die er nicht zu Ende bringen konnte. Am 30. September 1989 sprach er zu den Tausenden von Botschaftsbesetzern in Prag: »Wir sind zu Ihnen gekommen, um Ihnen mitzuteilen, daß heute Ihre Ausreise ...« Der Rest ging im Jubel unter.

Die Ausreise so vieler verschlechterte rapide die Lebensbedingungen der Daheimgebliebenen. Lange verabredete Arzttermine kamen nicht zustande, weil der Arzt mittlerweile im Westen war. Die Straßenbahn fuhr nicht, weil der Fahrer in einem Aufnahmelager in der Bundesrepublik saß. Jeden Morgen war Zählappell in den Betrieben mit der bangen Frage der Betriebsleiter: Ist der Kollege X nur krank, oder ist er schon im Westen?

Dieser tägliche Niedergang führte dazu, daß nun auch die schweigende Mehrheit ihre Stimme erhob. Die Opposition sammelte sich unter dem Banner des »Neuen Forums«, das sich bewußt nicht als Partei organisierte, um für viele offen zu sein. In zahlreichen Städten kam es zu Demonstrationen und Protestmärschen. Die aufsehenerregendsten waren die Montags-Demonstrationen in Leipzig.

Die größte Kundgebung fand jedoch am 4. November 1989 in Berlin statt, organisiert vor allem von Persönlichkeiten aus dem kulturellen Bereich. Über eine halbe Million Menschen machte ihre Unzufriedenheit mit der SED und dem DDR-System deutlich. Zwar hatten die Partei und der Staatssicherheitsdienst dafür gesorgt, daß der langjährige Chef der DDR-Auslandsspionage und stellvertretende Minister für Staatssicherheit, Markus Wolf, der – mittlerweile im Ruhestand – gerade versuchte, sich einen Namen als Schriftsteller zu machen, und Politbüromitglied Günter Schabowski auf die Rednerliste kamen, aber sie wurden gnadenlos ausgepfiffen. Die NVA stand derweil in Alarmbereitschaft, weil man einen Sturm auf die Mauer am Brandenburger Tor befürchtete. Aber die, die auf dem Alexanderplatz demonstrierten, wollten nicht weg. Sie wollten den politischen und wirtschaftlichen Bedingungen nicht entkommen, sie wollten sie verändern.

Es gibt Tage, bei denen sich jeder noch Jahre später erinnert, wie er sie verbracht hat – Daten, an denen Einschneidendes geschehen ist. Der 9. November 1989 gehört dazu.

Der Tag, an dem die Mauer fiel, begann unspektakulär wie die Tage vor ihm. Das DDR-Regime war in der Krise. Einige Wochen zuvor, am 18. Oktober 1989, hatte die SED ihren Generalsekretär Erich Honecker abgesetzt. Sein Nachfolger war der jahrelang als Kronprinz gehandelte Egon Krenz, ein Apparatschik, der mit einer gespenstischen Fernsehrede unmittelbar nach seiner Machtübernahme deutlich machte, daß sich nichts ändern würde. Die Mauer hatte ihre Funktion verloren – es war ja bereits möglich, von Ost-Berlin in den Westteil der Stadt zu gelangen, wenngleich man den Umweg über Budapest oder Prag nehmen mußte. Das SED-Zentralkomitee tagte am 9. November 1989, um die Lage zu beraten und einen Weg zu finden, aus den Kalamitäten herauszukommen. Der Westen erwartete, daß die SED Reiseerleichterungen verkünden würde. Wie diese aussehen könnten, war unklar. Vielleicht würde die DDR das West-Reisealter senken. (Bislang durften nur Rentner zu Besuchen in den Westen fahren.) Vielleicht, so eine andere Hoffnung, würde die DDR noch großzügiger bei der Genehmigung von Westreisen in »dringenden Familienangelegenheiten« verfahren.

Am Abend des 9. November gab das für die Presse zuständige Politbüro-Mitglied, Günter Schabowski, eine

Pressekonferenz, bei der es eine Stunde lang um dieses und jenes ging. Erst ganz am Ende ließ er die Bombe platzen und verkündete, daß Bürger der DDR ab sofort »ohne das Vorliegen besonderer Gründe« in den Westen reisen dürften. Schabowski stammelte und verhaspelte sich mehrfach. Seine Verwirrung und Müdigkeit wurden auch dadurch deutlich, daß er die internationale Journalistenschar aus Versehen mit »Genossen« ansprach. Viele, die die Pressekonferenz damals im Fernsehen verfolgt haben, meinen, Schabowski sei der Zettel mit der brisanten Nachricht erst im letzten Augenblick zugeschoben worden. Dies ist allerdings nicht richtig. Auf seinem Stichwortzettel für die Pressekonferenz war der Punkt unter der Überschrift »Kurz vor Schluß« bereits notiert. Schabowski wollte den Punkt herunterspielen, weil es sich ja nicht um einen Beschluß des Zentralkomitees, über dessen Sitzung zu berichten seine Aufgabe war, sondern des Ministerrats gehandelt habe. Die neuen alten Machthaber übten sich in optischer Gewaltenteilung. Zum anderen wollte Schabowski eben keine »Bombe« platzen lassen, sondern die Veränderung möglichst nebenbei unter die Leute bringen. Nicht alle im Saal begriffen denn auch sofort die Tragweite des Gesagten; viele dachten, hier handele es sich nur um eine Legalisierung der ohnehin stattfindenden Ausreise über Drittländer. Viele Ost-Berliner wußten nicht, woran sie waren – und gingen einfach zur Mauer, um sich selbst einen Eindruck zu verschaffen.

Unter dem Druck von Tausenden von Menschen, die ihre sofortige Ausreise – ohne Paß, Visum, Zollerklärung etc. – verlangten, öffneten die Kommandanten der Grenzübergänge die Schlagbäume. Zuerst geschah das am Übergang Bornholmer Straße, dann nach und nach auch an den anderen Sektorenübergangsstellen, schließlich (zum Teil erst am nächsten Morgen) überall an den Grenzen der DDR. Berlin geriet in einen Freudentaumel. Zigtausende Ost-Berliner kamen in dieser Nacht in den Westteil der Stadt, sie liefen

Zwei Pressekonferenzen

Anna-Maria Doherr (Frankfurter Rundschau):
»Herr Vorsitzender, bedeutet die Bildung einer Freien Stadt Ihrer Meinung nach, daß die Staatsgrenze am Brandenburger Tor errichtet wird, und sind Sie entschlossen, dieser Tatsache mit allen Konsequenzen Rechnung zu tragen?«

Walter Ulbricht (Vorsitzender des Staatsrates der DDR und 1. Sekretär des Zentralkomitees der SED):
»Ich verstehe Ihre Frage so, daß es Menschen in Westdeutschland gibt, die wünschen, daß wir die Bauarbeiter der Hauptstadt der DDR mobilisieren, um eine Mauer aufzurichten, ja? Mir ist nicht bekannt, daß solche Absicht besteht, da sich die Bauarbeiter in der Hauptstadt hauptsächlich mit Wohnungsbau beschäftigen und ihre Arbeitskraft dafür voll ausgenutzt, voll eingesetzt wird. Niemand hat die Absicht, eine Mauer zu errichten.«

Internationale Pressekonferenz in Ost-Berlin am 15. Juni 1961.

Günter Schabowski (Mitglied des Politbüros der SED):
»(…) Und deshalb haben wir uns dazu entschlossen, heute eine Regelung zu treffen, die es jedem Bürger der DDR möglich macht, über Grenzübergangspunkte der DDR auszureisen.«
Frage: *»Ab wann tritt das in Kraft?«*
Schabowski: *»Bitte?«*
Frage: *»Ab sofort?«*
Schabowski: *»Also, Genossen, mir ist das hier also mitgeteilt worden, daß eine solche Mitteilung heute schon verbreitet worden ist. Sie müßte eigentlich in Ihrem Besitz sein. Also: ›Privatreisen nach dem Ausland können ohne Vorliegen von Voraussetzungen – Reiseanlässe und Verwandtschaftsverhältnisse – beantragt werden. Die Genehmigungen werden kurzfristig erteilt. Die zuständigen Abteilungen Paß- und Meldewesen der VPKÄ – der Volkspolizeikreisämter – in der*

DDR sind angewiesen, Visa zur ständigen Ausreise unverzüglich zu erteilen, ohne daß dabei noch geltende Voraussetzungen für eine ständige Ausreise vorliegen müssen. (...)‹«
Frage: *»Wann tritt das in Kraft?«*
Schabowski: *»Das tritt nach meiner Kenntnis ... ist das sofort, unverzüglich.«* (...)
Frage: *»Gilt das auch für West-Berlin?«*
Schabowski: *»Also, doch, doch: ›Die ständige Ausreise kann über alle Grenzübergangstellen der DDR zur BRD bzw. zu Berlin-West erfolgen.‹«*

Internationale Pressekonferenz in Ost-Berlin am 9. November 1989.

über den Kurfürstendamm oder klingelten ihre Freunde im Westen aus dem Bett. Tausende von West-Berlinern strömten – die heimischen Sektvorräte unter dem Arm – zu den Grenzübergängen, um die Ost-Berliner zu begrüßen, wildfremde Menschen fielen sich in die Arme. Die West-Berliner Polizei, DDR-Grenztruppen und die Militärpolizei der Alliierten versuchten gemeinsam, den Ansturm irgendwie zu regeln. Der Chef der Senatskanzlei hatte vorher die westalliierten Stadtkommandanten um die Erlaubnis gebeten, daß die West-Berliner Polizisten die weiße Linie überqueren durften, die einige Meter vor der Mauer die exakte Sektorengrenze markierten. Ordnung muß sein, auch wenn eine Ordnung zusammenbricht.

Die Nacht der Nächte verlief völlig friedlich. Keiner beglich mit den Grenztruppen der DDR alte Rechnungen, deren es genug gegeben hätte. Es wurde gefeiert, gesungen, getrunken – und der Abriß der Mauer begann. Am Brandenburger Tor, an dem es noch keinen Übergang gab, standen junge Leute mit der Spitzhacke auf der Mauer und schlugen unter dem Beifall von Tausenden die ersten Stücke aus dem Bauwerk, das symbolisch Europa und faktisch Berlin geteilt hatte. Später sollte das Geräusch der »Mauerspechte« wochenlang die vorherrschende Musik in Berlin sein. Die DDR, deren Führungsschicht sich Hammer und Sichel verschrieben hatte, wurde mit Hammer und Meißel aufgelöst.

Fernsehstationen aus aller Welt eilten nach Berlin, um die Menschen nach ihren Eindrücken zu fragen. Die Antwort, die sie immer wieder erhielten, war: »Wahnsinn!« Tatsächlich war der Fall der Berliner Mauer jedoch kein Wahnsinn, sondern das Ende desselben. Berlins Eintritt in die Jetzt-Zeit war vollzogen.

Bundeshauptstadt Berlin

Nach dem Mauerfall war die weitere Entwicklung des Vereinigungsprozesses, der sich dann sehr schnell vollziehen sollte, zunächst noch nicht absehbar. Man richtete sich auf eine Ost-West-Partnerschaft der beiden Teilstädte ein. Als im Januar 1990 die Grenztruppen der DDR damit begannen, die Mauer in Kreuzberg durch einen Metallzaun zu ersetzen, wurde dies im Westen als Fortschritt begrüßt.

Die Verwaltungen von West- und Ost-Berlin nahmen Kontakt zueinander auf. Einen solchen direkten Kontakt hatte es seit der Teilung der Stadt nicht mehr gegeben. Es war gerade einige Monate her, daß der Regierende Bürgermeister von Berlin den Ost-Berliner Oberbürgermeister erstmals offiziell getroffen hatte – am Rande eines Konzerts der Berliner Philharmoniker im Schauspielhaus im Ostteil der Stadt. Fünf Jahre lang war um diesen Auftritt, der wenige hundert Meter von der Heimatspielstätte der Philharmoniker entfernt stattfand, verhandelt worden.

Die Kontakte intensivierten sich, nachdem im Mai 1990 Kommunalwahlen in Ost-Berlin stattgefunden hatten, aus denen ein demokratisch legitimierter Magistrat mit einem gewählten Oberbürgermeister, dem Sozialdemokraten Tino Schwierzina, hervorging. Jetzt tagten Senat (West) und Magistrat (Ost) oftmals zusammen und koordinierten ihre Politik; »Magisenat« wurde dieses Gremium in der Öffentlichkeit genannt. Da war längst klar, daß die Stunden der DDR gezählt waren und damit auch die Wiedervereinigung Berlins auf der Tagesordnung stand.

Am Nachmittag des 2. Oktober wurde vom Staatsratsgebäude heimlich, still und leise die Fahne der DDR eingeholt, in der Nacht vom 2. auf den 3. Oktober wurde dann

Vollendung der Einheit Deutschlands

In Einlösung seiner Beschlüsse, in denen der Deutsche Bundestag seinen politischen Willen vielfach bekundet hat, daß nach der Herstellung der Deutschen Einheit Parlament und Regierung wieder in der deutschen Hauptstadt Berlin sein sollen, wolle der Deutsche Bundestag beschließen:

1. Sitz des Deutschen Bundestages ist Berlin.

2. Die Bundesregierung wird beauftragt, gemeinsam mit der Verwaltung des Deutschen Bundestages und dem Senat von Berlin bis zum 31. 12. 1991 ein Konzept zur Verwirklichung dieser Entscheidung zu erarbeiten. Dabei soll mit der Herrichtung der notwendigen Kapazitäten für Tagungen des Deutschen Bundestages, seiner Fraktionen, Gruppen und Ausschüsse in Berlin schnell begonnen werden. Die Arbeitsfähigkeit soll in vier Jahren hergestellt sein. Bis dahin finden in der Bundeshauptstadt Plenarsitzungen des Deutschen Bundestages nur auf Beschluß des Ältestenrates in besonderen Fällen statt. Die volle Funktionsfähigkeit Berlins als Parlaments- und Regierungssitz soll in spätestens 10 bis 12 Jahren erreicht sein.

3. Der Deutsche Bundestag erwartet, daß die Bundesregierung geeignete Maßnahmen trifft, um ihrer Verantwortung gegenüber dem Parlament in Berlin nachzukommen, und in entsprechender Weise in Berlin ihre politische Präsenz dadurch sichert, daß der Kernbereich der Regierungsfunktionen in Berlin angesiedelt wird. (...)

8. Der Deutsche Bundestag geht davon aus, daß der Bundespräsident seinen 1. Sitz in Berlin nimmt.

9. Der Deutsche Bundestag empfiehlt dem Bundesrat, in Wahrnehmung seiner föderalen Tradition seinen Sitz in Bonn zu belassen.

Antrag der Abgeordneten Willy Brandt, Dr. Burkhard Hirsch, Dr. Günther Krause (Börgerende), Maria Michalk, Dr. Rainer Ortleb, Dr. Wolfgang Schäuble, Dr. Oscar Schneider (Nürnberg), Dr. Hermann Otto Solms, Wolfgang Thierse, Dr. Wolfgang Ullmann, Dr. Hans-Jochen Vogel und weiterer Abgeordneter, der am 20. Juni 1990 mit einer Mehrheit von 338 von 660 abgegebenen Stimmen vom Deutschen Bundestag angenommen wurde.

vor dem Reichstagsgebäude die Flagge der Bundesrepublik Deutschland gehißt. Seit dem 1. Juli 1990, dem Tag der Währungsreform in der DDR, war auf alle Grenzkontrollen zwischen den beiden Teilen Berlins verzichtet worden. Schon in dem halben Jahr zuvor mußte man nur noch lässig mit dem Personalausweis winken, um von einem Teil der Stadt in den anderen zu kommen.

Das Zusammenwachsen der Stadt gestaltete sich jedoch schwieriger als angenommen. »So haben wir uns das nicht vorgestellt«, pflegen die Menschen zu sagen, wenn sie auf den Vereinigungsprozeß angesprochen werden. Tatsache ist: Man hat es sich überhaupt nicht vorgestellt, weil man den Fall der Mauer für unvorstellbar hielt. Demzufolge waren die Schubladen leer, Pläne und Konzepte suchte man vergeblich. Auch das Bundesministerium für innerdeutsche Beziehungen hatte die Jahre der deutschen Teilung im Dornröschen-Schlaf verbracht.

Berlin war nun *eine* Stadt – mit zwei Verwaltungen, zwei Polizeiorganisationen, zwei Schulsystemen, zwei Stromversorgungsunternehmen. Weil die Stadt geteilt gewesen war, gab es alles doppelt. Die Maueröffnung war spektakulär; die Beseitigung der Mauern, die Berlin teilten, war es oftmals nicht, schwierig war sie dennoch. Die Strategie des Senats von Berlin, seit den Wahlen im Dezember 1990 für Gesamt-Berlin zuständig, aber von »Wessis« dominiert, war es, soviel wie möglich zu mischen. So wurde die Ost-Berliner Polizei nicht ausschließlich in Ost-Berlin und die West-Berliner nicht ausschließlich in West-Berlin tätig, sondern Tausende von Beamten wurden von einem Teil der Stadt in den anderen versetzt und taten gemeinsam Dienst. Dies führte anfangs zu Spannungen und Reibungsverlusten, zahlte sich aber aus. Gleiches galt für die Senatsverwaltungen, die Feuerwehr und andere Einrichtungen.

Auch ein einheitliches Schulsystem wurde geschaffen, was faktisch bedeutete, daß das West-Berliner System in

Ost-Berlin eingeführt wurde. Allerdings konnten alle Lehrer im Ostteil der Stadt im Schuldienst bleiben, wenn sie ein Fach unterrichteten, das es an den Berliner Schulen gab (eine Regelung, die sich gegen die sogenannten Pionierleiter richtete), und wenn sie nicht mit dem Staatssicherheitsdienst der DDR verstrickt gewesen waren. Die Durchmischung der Lehrerkollegien sollte auf freiwilliger Basis erfolgen, fand aber kaum statt. Die Ost-Lehrer hatten Angst, im Westen nicht voll akzeptiert zu werden, und die West-Lehrer waren zu bequem, sich mit etwas Ungewohntem auseinanderzusetzen und dafür noch längere Anfahrtswege und eine schlechtere Schulausstattung in Kauf zu nehmen. Eine »Buschzulage«, also die umfangreiche finanzielle Entschädigung für West-Beamte, die im Osten arbeiteten, gab es für West-Berliner in Ost-Berlin nie.

Bei den Verhandlungen der beiden deutschen Staaten über den Vollzug der Einheit war es auch um die Frage der Bundeshauptstadt gegangen. Die einfache Regelung: »Hauptstadt Deutschlands ist Berlin« war gegen den Widerstand eines Teiles der Bundesländer und des Bundestages nicht durchsetzbar. So wurde der Artikel 2 des Einigungsvertrages, der diesen Satz enthält, ergänzt um den Passus: »Die Frage des Sitzes von Parlament und Regierung wird nach der Herstellung der Einheit Deutschlands entschieden.« Plötzlich stellten sich viele über Jahre hinweg pathetisch vorgetragene Deklarationen über Berlin als die wahre und einzige Hauptstadt Deutschlands als Lippenbekenntnisse heraus. Große Teile der politischen Öffentlichkeit der alten Bundesrepublik wollten Berlin mit dem Titel der Hauptstadt abspeisen, während Bonn Regierungsstadt bleiben sollte. Im Westen sollte sich möglichst für die Menschen nichts ändern, die gesamte Anpassungsleistung sollte gefälligst von denen erbracht werden, die den Kalten Krieg verloren hatten, den Ostdeutschen.

Die Hauptstadtfrage entwickelte sich über ein Jahr hin-

Berlin in der Hauptstadt-Debatte des Bundestages

Der Widerstand der Berliner Bevölkerung gegen Unfreiheit, das Standhalten gegen Bedrohung, Erpressung und Blockade haben die Idee der deutschen Einheit wachgehalten und die Erwartung der Wiedervereinigung vor Resignation bewahrt. Aber auch das Verdienst von Bonn darf nach 40 Jahren Bundesrepublik nicht geringgeschätzt werden.

Norbert Blüm

Die Entscheidung für Berlin wäre ein durch nichts – durch nichts! – zu ersetzender Schritt zur Verwirklichung der politischen, sozialen, menschlichen Einheit Deutschlands.

Wolfgang Thierse

Seit der Herstellung der Einheit am 3. Oktober 1990 gibt es nur eine Stadt, in der sich diese Vereinigung tatsächlich unmittelbar vollzieht, weil es nun einmal die einzige geteilte Stadt war. Das heißt, westliche und östliche Probleme stoßen dort direkt aufeinander; dort findet die Vereinigung sozusagen in kompensierter, vielleicht auch zum Teil in verschärfter, vielleicht auch zum Teil in schnellerer Form statt.

Gregor Gysi

Und das Symbol für Einheit und Freiheit, für Demokratie und Rechtsstaatlichkeit für das ganze Deutschland war wie keine andere Stadt immer Berlin: von der Luftbrücke über den 17. Juni 1953, den Mauerbau im August 1961 bis zum 9. November 1989 und bis zum 3. Oktober im vergangenen Jahr. Die Einbindung in die Einigung Europas und in das Bündnis des freien Westens hat uns Frieden und Freiheit bewahrt und die Einheit ermöglicht. Aber auch diese Solidarität der freien Welt mit der Einheit und Freiheit der Deutschen hat sich doch nirgends stärker als in Berlin ausgedrückt. Ob wir wirklich ohne Berlin heute wiedervereinigt wären? Ich glaube es nicht.

Wolfgang Schäuble

In Frankreich wäre übrigens niemand auf die Idee gekommen, im relativ idyllischen Vichy zu bleiben, als fremde Gewalt der Rückkehr in die Hauptstadt an der Seine nicht mehr im Wege stand. (...) Deutschland bleibt nicht der Osten vom Westen, sondern es wird zur neuen Mitte Europas. Berlin liegt da gut, auf beide Schienen bezogen: Nord-Süd und West-Ost.

Willy Brandt

Auszüge aus Redebeiträgen in der Bundestagsdebatte am 20. 6. 1991.

weg zum Hauptstreitpunkt der öffentlichen Diskussion. Die Auseinandersetzung ging dabei weit über den Kreis der unmittelbar Betroffenen in der Region Bonn und in Berlin hinaus, sie beschäftigte aber vor allem die Westdeutschen. Für die Ostdeutschen stand Berlin als Hauptstadt ohnehin fest. Zwar hatten sie mit der »Hauptstadt der DDR«, die ständig bevorzugt wurde, schlechte Erfahrungen gemacht, aber Bonn war ihnen kein Ort der Identifikation – dazu war es nicht nur zu klein, sondern vor allem auch zu westlich, nicht nur geographisch.

Am 20. Juni 1991 entschied schließlich der Deutsche Bundestag die Hauptstadtfrage. Nach einer hochkarätigen Debatte und der Freigabe des Abstimmungsverhaltens für die (angeblich sowieso keinen Weisungen unterliegenden) Abgeordneten gab schließlich die Bundestagspräsidentin das Ergebnis bekannt: 320 Abgeordnete hatten für Bonn gestimmt, 337 für Berlin, zwei hatten sich enthalten. Beim Nachzählen stellte sich dann heraus, daß es nur eine Enthaltung gab und 338 Abgeordnete für Berlin votiert hatten.

Anfangs gab es immer wieder Versuche, den Umzug der Regierung und des Parlaments aufzuhalten. Ein Großteil der Abgeordneten und der Ministerialbürokraten stellten an die neuen Büros in Berlin Anforderungen, die ihre derzeitige Arbeitssituation bei weitem übertrafen. Während das Land sich im Umbruch befand und Millionen Menschen sich umstellen und neu orientieren mußten, machten Bundestag und Bundesregierung klar, daß sie erst kommen würden, wenn der letzte Pinselstrich getan und der letzte Quadratmeter Teppichboden gelegt seien. Für Berlin wurden dadurch wertvolle Jahre verschenkt, weil auch potentielle Investoren in Wartestellung gingen. Aber auch die Parlamentarier und Bundesbediensteten selbst haben sich um eine Chance gebracht, den Neuanfang Deutschlands wirklich mitzugestalten. Jetzt ist als Termin für den Regierungsumzug, der 1994 vollzogen sein sollte, das Jahr 1999 angepeilt. Vorsichtige Leute werden darauf wohl keine Wetten abschließen.

Für den geschichtlichen Prozeß ist eine Verzögerung um einige Jahre jedoch von geringer Bedeutung. Der Zug fährt von Bonn nach Berlin, und wenn er etwas später ankommt, ist das weder für die Reisenden noch für die auf dem Bahnhof Wartenden schön, aber es ist auch keine Katastrophe. Berlin erhält damit wieder eine Funktion – dies ist das wichtigste Ergebnis dieses Prozesses.

West-Berlin hatte seine Funktionen nach dem Krieg verloren bzw. diese waren auf das Symbolische reduziert. Und während die Symbolhaftigkeit der Teilstadt betont wurde, verließ die Industrie die Stadt und vernichtete industrielle Arbeitsplätze in sechsstelliger Höhe. Die Ansiedlung von Behörden war die Reaktion des Staates darauf, die richtig und wichtig war, um die Stadt zu retten – die aber die dynamischen Elemente nicht verstärkt hat.

Ost-Berlin hatte demgegenüber reale Funktionen. Es war (wenngleich rechtlich umstritten, so doch faktisch) die Hauptstadt der DDR. Und da die DDR ein zentralistischer Staat war, war Ost-Berlin damit auch das Wirtschafts- und Forschungszentrum des zweiten deutschen Staates. Mit der Vereinigung erloschen diese Funktionen jedoch.

Berlin heute

Die Teilung Berlins ist überwunden, die Stadt wächst wieder zusammen. Als Problem bleiben finanzielle und wirtschaftliche Schwierigkeiten, die die Stadt stark beeinträchtigen. Zu schnell wurde die Hilfe des Bundes abgebaut, zu schnell brach die Ost-Berliner Industrie zusammen, zu schnell zog die bis dahin hochsubventionierte West-Berliner Industrie aus der Stadt hinaus, zu vieles in Ost-Berlin wurde »abgewickelt«.

Berlin war nach der Vereinigung plötzlich auf sich allein gestellt und sah sich zum Teil erheblicher Häme ausgesetzt. Viele Ostdeutsche fanden und finden es durchaus gerecht, daß die Stadt, die in der DDR-Zeit von den Regierenden immer bevorzugt wurde, jetzt auch Probleme hat. Viele Westdeutsche, getroffen durch den Hauptstadtstreit, sahen und sehen dieses ebenfalls mit einer gewissen Genugtuung. Früher durfte man in beiden Teilen Deutschlands – wenngleich aus unterschiedlichen Gründen – nicht gegen Berlin sein, jetzt kann man seinen Gefühlen freien Lauf lassen. Vielen ist diese Stadt unheimlich, zu groß, zu hektisch, zu laut, zu widerborstig, zu schrill, zu schmutzig – und nicht zuletzt zu großsprecherisch. Das dürfte auch der Grund gewesen sein, warum eine Mehrheit der Brandenburger in einer Volksabstimmung die Vereinigung mit Berlin zu einem gemeinsamen Bundesland 1996 abgelehnt hat – obwohl alle rationalen Argumente für das Zusammengehen sprachen.

Auf die Solidarität der Republik wird Berlin in den nächsten Jahren nur bedingt zählen können. Bei jeder Finanzverhandlung der Stadt mit dem Bund wird das wieder deutlich – und dabei kennen beide Seiten keine Parteien mehr, auch wenn sie derselben angehören.

Das Gefühl, nicht mehr die Unterstützung des ganzen Landes zu genießen, ist für die Berliner, die die Last der Teilung in besonderer Weise trugen, die aber auch die Hätschelkinder der Nation waren, neu. Es mischt sich mit einer Identitätskrise. Dadurch, daß Ost-Berlin in den Westen gekommen ist, ist ganz Berlin eine ostdeutsche Stadt geworden. Keiner ist gefühlsmäßig mehr dort, wo er vor einigen Jahren noch war und sich sicher und geborgen fühlen konnte, auch wenn er die Beschränktheit der Situation durchaus empfand.

Dennoch steht Berlin am Ende dieses Jahrhunderts gut da. Die aktuellen Analysen in den Wirtschaftszeitungen mögen noch so kritisch sein, aufgrund seiner geographischen und politischen Lage ist die Stadt ein Standort mit Zukunft. In dem Maße, in dem Berlin augenblicklich wirtschaftlich unter der Öffnung der Grenzen leidet, wird es davon profitieren, sobald die mitteleuropäischen Staaten weiter aufgeholt haben. Die Erweiterung der Europäischen Union wird Berlin aus der Lage befreien, eine EU-Stadt am äußersten Rande der Gemeinschaft zu sein.

Die Berliner werden sich daran gewöhnen müssen, nicht beliebt zu sein. Die Pariser sind dies in Frankreich genauso wenig wie die Wiener in Österreich. Man muß in Berlin lernen, daß die zunehmende Kritik an der Stadt eine Widerspiegelung ihrer wachsenden Bedeutung ist.

Aber Berlin ist keineswegs nur Feindseligkeiten ausgesetzt. Gerade die Kreativsten und Aufgeschlossensten werden durch die Stadt angelockt. Berlin durchläuft eine neue Gründerzeit. Während die Institutionen der Hochkultur um Subventionen (und Konzepte) kämpfen, kommen die Jungen und Unangepaßten, die kulturellen Leistungsträger von morgen, scharenweise in die Stadt, um hier zu leben, etwas auszuprobieren und an einem künstlerischen Aufbruch teilzuhaben. Auch der geistig beweglichere Teil der Bundesverwaltung freut sich auf Berlin, da es hier die

Chance gibt, die tägliche Routine noch einmal zu verändern. Und während auf der einen Seite Industriebetriebe die Stadt verlassen, weil sie dem Markt nicht mehr gewachsen sind, weil ihnen die Subventionen fehlen oder weil sie meinen, günstigere Standorte irgendwo zwischen Erkner und Kiew gefunden zu haben, gründen sich kleine, intelligente Unternehmen, die die Dienstleistungen von heute und morgen anbieten. Gerade das Unfertige, der Umbruch, der sich in Berlin täglich spürbar und sichtbar vollzieht, ist der Magnet für Menschen, die Vertrauen in ihre eigenen Fähigkeiten haben und die nicht Altes verwalten, sondern Neues gestalten wollen.

Zwar vollzieht sich die neue Gründerzeit nicht mit derselben Heftigkeit wie im letzten Jahrhundert, aber dafür trifft sie auf wesentlich bessere Rahmenbedingungen. Wieder ist Berlin Hauptstadt eines starken Deutschland, aber dieses ist von Freunden umgeben und niemandem eine Bedrohung. Die europäischen Allianzen stellen eine feste Einbindung Deutschlands in eine Wertegemeinschaft dar, die wirtschaftliche Prosperität genauso ermöglicht wie politische Verständigung. In diesen Bündnissen, vor allem in der Europäischen Union und der NATO, aber auch in der WEU und im Europarat, ist Deutschland ein aktiver Partner, der zum Gelingen der gemeinsamen Vorhaben beiträgt. Auch an der östlichen Grenze Deutschlands gibt es klare und stabile Verhältnisse. Die Wunden des deutsch-polnischen Verhältnisses vernarben. Es entstehen Freundschaft und Kooperation zwischen den beiden Staaten, wie sie zwischen den Deutschen und ihren Nachbarn im Westen schon lange existieren.

Die »politische Großwetterlage« ist für Berlins weitere Entwicklung natürlich wichtig. Dies um so mehr, als man sich ja in Berlin und seiner Umgebung nicht auf dem Erreichten ausruhen kann, weil vieles davon weggebrochen oder verlorengegangen ist. Es müssen neue Strukturen geschaffen werden, neue Wirtschaftsbande geknüpft werden, neue Partnerschaften zwischen Berlin und den anderen mitteleuropäischen Metropolen mit Leben erfüllt werden. In dieser Herausforderung aber liegt die Chance. Während andere Regionen mühsam versuchen, den Status quo zu wahren, und sich dadurch dem Wandel verschließen, ist Berlin dazu verurteilt, sich aus dem Status quo ante, der nicht wiederherstellbar ist und den niemand zurücksehnt, direkt in die Zukunft zu transformieren. Dies ist keine leichte Aufgabe, aber sicherlich die schönste, die die Geschichte der Stadt Berlin seit langem gestellt hat.

Zitatnachweis

S. 15 Johannes Trithemius, Von Natur zur Faulheit geneigt – Berlin 1505; aus: Berlin in alten und neuen Reisebeschreibungen, ausgew. v. Georg Holmsten, Düsseldorf 1989, S. 15 f.

S. 23 Friedrich Lulä, Ziemlich grob und ungesalzen – Berlin 1667; aus: ebd., S. 15 f.

S. 34 Johann Gottlieb Fichte, Rede an die deutsche Nation, Vierzehnte Rede – Beschluß des Ganzen – 1808; aus: Reden an die deutsche Nation, 5. durchges. Auflage nach dem Erstdruck von 1808, Hamburg 1978, S. 31 f.

S. 38 f. Friedrich Wilhelm IV., An meine lieben Berliner!, An mein Volk und die deutsche Nation!; aus: Erinnerungsstätte für die Freiheitsbewegungen in der deutschen Geschichte (Rastatt), Katalog der ständigen Ausstellung, Koblenz: Bundesarchiv 1984, S. 164 u. 295

S. 46 f. Günter Ogger, Chicago an der Spree – Berlin in der Gründerzeit; aus: Günter Ogger, Die Gründerjahre, München 1995, S. 199 ff.

S. 49 Georg Brandes, Hauptsache war der militärische Vorteil aus: Georg Brandes, Atemzüge einer Weltstadt, Kopenhagen 1885; zit. in: Die Berliner S-Bahn – Gesellschaftsgeschichte eines industriellen Verkehrsmittels, Berlin 1982, S. 50 f.

S. 60 f. Berlin und die Literatur der zwanziger Jahre; aus: Berlin-Handbuch – Das Lexikon der Bundeshauptstadt, 2., durchges. Auflage Berlin 1993, S. 770

S. 62 Harold Nicolson, Charme und Tempo von Berlin; aus: Berlin in alten und neuen Reisebeschreibungen, a. a. O. S. 233 f.

S. 68 Lion Feuchtwanger, Mit guten Wünschen für unser Haus; zit. nach: Juden in Berlin 1671–1945. Ein Lesebuch, Berlin 1988, S. 277 f.

S. 71 Albert Speer, Die Gefühle der Öffentlichkeit sollen geschont werden; aus: Erinnerungen, Berlin 1969, S. 154

S. 81 Täglich 5 Gramm Käse: Die Berlin Blockade; aus: Berlin-

Blockade und Luftbrücke 1948/49, hrsg. v. Uwe Prell u. Lothar Winkler, Berlin 1978, S. 42 ff.

S. 84 Ernst Reuter, Völker der Welt, schaut auf diese Stadt!; aus: ebd., S. 138 f.

S. 102 f. John F. Kennedy, Ich bin ein Berliner; aus: Walter Krumholz, Berlin-ABC, hrsg. im Auftrag des Presse- und Informationsamtes des Landes Berlin, 2. Aufl. Berlin 1968, S. 352 f.

S. 107 Peter Schneider, Der Mauerspringer; aus: Der Mauerspringer, Darmstadt 1984, S. 5 f.

S. 115 Edgar Hilsenrath, Deutsch-deutsches Gespräch; zit. nach: Urs Jaeggi (Hrsg.), Mauersprünge, Reinbek 1988, S. 119.

S. 127 Horst Krüger, Kreuzberg: Die Poesie der Zille-Hinterhöfe; aus: Reisetextbuch Berlin, hrsg. v. Barbara u. Walter Laufenberg, München 1987, S. 223 f.

S. 135 f. Zwei Pressekonferenzen; aus: Walter Krumholz, Berlin-ABC, a. a. O., S. 425 f.; Hans-Hermann Hertle, Chronik des Mauerfalls, 2. Aufl. Berlin 1996, S. 145 f.

S. 139 f. Vollendung der Einheit Deutschlands; aus: Die Hauptstadt-Debatte, Stenographischer Bericht des Deutschen Bundestages, hrsg. u. komm. v. Helmut Herles, Bonn/Berlin 1991, S. XVII f.

S. 142 f. Berlin in der Hauptstadt-Debatte des Bundestages; aus: ebd.

Architektur und Architekten im zwanzigsten Jahrhundert

Die Geschichte der deutschen Architektur im 20. Jahrhundert ist auch die Geschichte ihrer Architekten. Werner Durth verfolgt in seiner grundlegenden Untersuchung ihren beruflichen Werdegang, ihre biographischen Verflechtungen, ihre politischen Verstrickungen in das NS-Regime und ihre Karriere als unangefochtene Experten für den Wiederaufbau.

Werner Durth
Deutsche Architekten
Biographische Verflechtungen
1900 - 1970
Mit zahlreichen Abbildungen
dtv 4579

Dieses Buch bietet eine Fülle von Material zum Wiederaufbau nach dem Zweiten Weltkrieg: Dokumente, Entwürfe und Pläne vor allem aus den Jahren 1940 bis 1950 - verwirklichte und nicht verwirklichte Architektenträume, von »authentischer« Rekonstruktion der alten Stadt bis hin zu entschiedener Neugestaltung, wie sie angesichts der Ruinenfelder des Zweiten Weltkrieges möglich wurden.

Werner Durth/Niels Gutschow
Träume in Trümmern
Stadtplanung 1940 - 1950
Mit zahlreichen Abbildungen
dtv 4604

Gegen das Vergessen – Taschenbücher über das Dritte Reich

Jan-Pieter Barbian:
Literaturpolitik im Dritten Reich
dtv 4668

Hans Buchheim/ MartinBroszat/Hans-Adolf Jacobsen/ Helmut Krausnick:
Anatomie des SS-Staates
dtv 4637

Martin Broszat:
Der Staat Hitlers
dtv 4009
Nach Hitler
dtv 4474

Dimension des Völkermords
Hrsg. v. Wolfgang Benz
dtv 4690

Karl Dietrich Erdmann:
Deutschland unter der Herrschaft des Nationalsozialismus
dtv 4220

Lothar Gruchmann:
Der Zweite Weltkrieg
dtv 4010

Rudolf Höß:
Kommandant in Auschwitz
Autobiographische Aufzeichnungen
dtv 2908

Ian Kershaw:
Hitlers Macht
dtv 4582

Kurt Meier:
Kreuz und Hakenkreuz
Die evangelische Kirche im Dritten Reich
dtv 4590

Die Rückseite des Hakenkreuzes
Absonderliches aus den Akten des Dritten Reiches
Hrsg. v. Beatrice und Helmut Heiber
dtv 2967

Bernd Rüthers:
Entartetes Recht
dtv 4630

Legenden, Lügen, Vorurteile
Ein Wörterbuch zur Zeitgeschichte
Hrsg. v. Wolfgang Benz
dtv 4666

Die Dachauer Hefte

Heft 1: **Die Befreiung**
dtv 4606

Heft 2: **Sklavenarbeit im KZ**
dtv 4607

Heft 3: **Frauen. Verfolgung und Widerstand**
dtv 4608

Heft 4: **Medizin im NS-Staat**
dtv 4609

Heft 5: **Die vergessenen Lager**
dtv 4634

Heft 6: **Erinnern oder Verweigern**
dtv 4635

Heft 7: **Solidarität und Widerstand**
dtv 4667

Heft 8: **Überleben und Spätfolgen**
dtv 4705

Deutsche Geschichte der neuesten Zeit

Originalausgaben, herausgegeben von Martin Broszat, Wolfgang Benz und Hermann Graml in Verbindung mit dem Institut für Zeitgeschichte, München

Peter Burg:
Der Wiener Kongreß
Der Deutsche Bund im europäischen Staatensystem
dtv 4501

Wolfgang Hardtwig:
Vormärz
Der monarchische Staat und das Bürgertum
dtv 4502

Hagen Schulze:
Der Weg zum Nationalstaat
Soziale Kräfte und nationale Bewegung
dtv 4503

Michael Stürmer:
Die Reichsgründung
Deutscher Nationalstaat und europäisches Gleichgewicht im Zeitalter Bismarcks
dtv 4504

Wilfried Loth:
Das Kaiserreich
Obrigkeitsstaat und politische Mobilisierung
dtv 4505

Richard H. Tilly:
Vom Zollverein zum Industriestaat
Die wirtschaftlich-soziale Entwicklung Deutschlands 1834 bis 1914
dtv 4506

Helga Grebing:
Arbeiterbewegung
Sozialer Protest und kollektive Interessenvertretung bis 1914
dtv 4507

Hermann Glaser:
Bildungsbürgertum und Nationalismus
Politik und Kultur im Wilhelminischen Deutschland
dtv 4508

Michael Fröhlich:
Imperialismus
Deutsche Kolonial- und Weltpolitik 1880 – 1914
dtv 4509

Gunther Mai:
Das Ende des Kaiserreichs
Politik und Kriegsführung im Ersten Weltkrieg
dtv 4510

Klaus Schönhoven:
Reformismus und Radikalismus
Gespaltene Arbeiterbewegung im Weimarer Sozialstaat
dtv 4511

Horst Möller:
Weimar
Die unvollendete Demokratie
dtv 4512

Peter Krüger:
Versailles
Deutsche Außenpolitik zwischen Revisionismus und Friedenssicherung
dtv 4513

Corona Hepp:
Avantgarde
Moderne Kunst, Kulturkritik und Reformbewegungen nach der Jahrhundertwende
dtv 4514

Deutsche Geschichte der neuesten Zeit

Fritz Blaich:
Der Schwarze Freitag
Inflation und Wirtschaftskrise
dtv 4515

Martin Broszat:
Die Machtergreifung
Der Aufstieg der NSDAP und die Zerstörung der Weimarer Republik
dtv 4516

Norbert Frei:
Der Führerstaat
Nationalsozialistische Herrschaft 1933 bis 1945
dtv 4517

Bernd-Jürgen Wendt:
Großdeutschland
Außenpolitik und Kriegsvorbereitung des Hitler-Regimes
dtv 4518

Hermann Graml:
Reichskristallnacht
Antisemitismus und Judenverfolgung im Dritten Reich
dtv 4519

Hartmut Mehringer:
Emigration und Widerstand
Das NS-Regime und seine Gegner
dtv 4520 (i. Vorb.)

Lothar Gruchmann:
Totaler Krieg
Vom Blitzkrieg zur bedingungslosen Kapitulation
dtv 4521

Wolfgang Benz:
Potsdam 1945
Besatzungsherrschaft und Neuaufbau
dtv 4522

Wolfgang Benz:
Die Gründung der Bundesrepublik
dtv 4523

Dietrich Staritz:
Die Gründung der DDR
Von der sowjetischen Besatzungsherrschaft zum sozialistischen Staat
dtv 4524

Kurt Sontheimer:
Die Adenauer-Ära
Grundlegung der Bundesrepublik
dtv 4525

Manfred Rexin:
Die Deutsche Demokratische Republik
dtv 4526 (i. Vorb.)

Ludolf Herbst:
Option für den Westen
Vom Marshallplan bis zum deutsch-französischen Vertrag
dtv 4527

Peter Bender:
Die »Neue Ostpolitik« und ihre Folgen
Vom Mauerbau bis zur Vereinigung
dtv 4528

Thomas Ellwein:
Krisen und Reformen
Die Bundesrepublik seit den sechziger Jahren
dtv 4529

Helga Haftendorn:
Sicherheit und Stabilität
Außenbeziehungen der Bundesrepublik zwischen Ölkrise und NATO-Doppelbeschluß
dtv 4530

Über Literatur

Albin Lesky:
Geschichte der griechischen Literatur
dtv 4595

Michael v. Albrecht:
Geschichte der römischen Literatur
dtv 4618 (2 Bände)

Reinhard Baumgart:
Deutsche Literatur der Gegenwart
Kritiken, Essays, Kommentare
dtv 4674

Barbara Becker-Cantarino:
Der lange Weg zur Mündigkeit
Frauen und Literatur
dtv 4548

Joachim Bumke:
Höfische Kultur
dtv 4442

Siegmar Döpp:
Werke Ovids
dtv 4587

Umberto Eco:
Lector in fabula
Die Mitarbeit der Interpretation in erzählenden Texten
dtv 4531

Die Grenzen der Interpretation
dtv 4644
Zwischen Autor und Text
Interpretation und Überinterpretation
dtv 4682

K.R. Eissler:
Goethe
dtv 4457 (2 Bände)

Die englische Literatur
Herausgegeben von Bernhard Fabian
Epochen – Formen – Autoren
dtv 4494 / 4495

Dieter Kartschoke:
Geschichte der deutschen Literatur im frühen Mittelalter
dtv 4551

Joachim Bumke:
Geschichte der deutschen Literatur im hohen Mittelalter
dtv 4552

Thomas Cramer:
Geschichte der deutschen Literatur im späten Mittelalter
dtv 4553

Georg Lukács:
Theorie des Romans
dtv 4624

Peter von Matt:
Liebesverrat
Die Treulosen in der Literatur
dtv 4566
Das Schicksal der Phantasie
Studien zur deutschen Literatur
dtv 4692

Martin Meyer:
Ernst Jünger
dtv 4613

Mario Praz:
Liebe, Tod und Teufel
Die schwarze Romantik
dtv 4375

Theodore Ziolkowski:
Das Amt der Poeten
Die deutsche Romantik und ihre Institutionen
dtv 4631

Boulevard Berlin

Wichtige Bücher für die Annäherung an eine faszinierende Stadt. Große Autoren erschließen aus unterschiedlichen Perspektiven die Vielfalt der Hauptstadt. Literarische Zeitgenossenschaft neben journalistischer Sachlichkeit.

Bahnhof Berlin
Herausgegeben von
Katja Lange-Müller
dtv 8392

Alfred Döblin
Berlin Alexanderplatz
Die Geschichte vom
Franz Biberkopf
dtv 8385

Ecke Friedrichstraße
Ansichten über Berlin
Herausgegeben von
Evelyn Roll
dtv 8384

Theodor Fontane
Frau Jenny Treibel
oder „Wo sich Herz zum
Herzen find't"
dtv 8390

Dieter Hildebrandt
Die Leute vom
Kurfürstendamm
Roman einer Straße
dtv 8389

Ursula von Kardorff
Berliner Aufzeichnungen
1942 bis 1945
dtv 8391

Angelika Schrobsdorff
„Du bist nicht so wie
andre Mütter"
Die Geschichte einer
leidenschaftlichen Frau
dtv 8387

Barbara Sichtermann
Vicky Victory
Roman
dtv 8388

Eckart D. Stratenschulte
Kleine Geschichte
Berlins
dtv 8383

Christa Wolf
Unter den Linden
Erzählung
dtv 8386

dtv